ANECDOTES

DE LA COUR

ET DU RÈGNE

D'ÉDOUARD II,

ROI D'ANGLETERRE.

ANECDOTES
DE LA COUR
ET DU RÈGNE
D'ÉDOUARD II,
ROI D'ANGLETERRE.

PAR

Mde L. M. D. T, & Mde E. D. B.

A PARIS,

Chez PISSOT, Libraire, Quai des Augustins.

M. DCC. LXXVI.

Avec Approbation & Privilège du Roi.

AVERTISSEMENT
DE L'ÉDITEUR.

On ne cherchera point à prévenir le Public sur le mérite du Roman qu'on lui présente ici. Il suffira peut-être pour exciter sa curiosité, de dire que Madame de Tencin, Auteur du *Siège de Calais* & du *Comte de Comminge*, en a écrit les deux premieres parties, qui,

AVERTISSEMENT.

à sa mort, ont été trouvées dans ses papiers; & que Madame E. D. B., Auteur des *Lettres du Marquis de Rozelle*, a bien voulu se charger de finir l'Ouvrage, sans avoir d'autre guide dans ce travail que l'histoire d'Angleterre & sa propre imagination.

ANECDOTES
DE LA COUR
ET
DU RÈGNE
D'ÉDOUARD II,
ROI D'ANGLETERRE.

LIVRE PREMIER.

LE règne d'Edouard I ne fut presque qu'une suite de victoires; la Principauté de Galles étoit soumise & réunie à la Couronne;

A

l'Ecoſſe conquiſe trois fois paroiſſoit enfin accoutumée au joug. Les Anglois, amuſés par tant de triomphes, n'avoient pas eu le tems de former des factions : d'ailleurs, l'admiration qu'ils avoient pour les grandes qualités d'Edouard avoit retenu leur inquiétude naturelle ; &, pendant un règne de trente-ſix ans, il n'avoit preſque trouvé aucune oppoſition à ſes volontés. Mais Edouard connoiſſoit trop bien ſa Nation, pour ne pas ſentir que cet état de calme étoit pour elle un état forcé. La faction des Barons n'étoit pas détruite ; elle pouvoit reparoître & faire éprouver à ſon ſucceſſeur les mêmes revers qu'elle avoit fait éprouver à Henri III, ſon pere. Ces malheurs lui paroiſſoient d'autant plus à craindre, qu'il ne voyoit dans le Prince de Galles aucune des qualités nécessaires pour s'attirer des Grands & du Peuple ce respect, seul capable de les contenir dans le devoir.

Le Prince de Galles, peu propre aux affaires pour lesquelles il avoit de l'éloignement, n'étoit sensible qu'aux plaisirs. Cet attachement pour ses favoris, qui lui fut depuis si funeste, paroissoit déja. Edouard, qui en craignoit les suites, crut devoir éloigner Gaveston, Gentilhomme de Guyenne, qui avoit été élevé avec le Prince, & celui de tous pour lequel il avoit le plus de goût. Ce favori fut exilé au-delà de la mer, & le Roi obligea son fils à s'engager par serment de ne le rappeller jamais.

Il crut encore qu'il falloit, par

une nouvelle alliance avec la France, assurer au dehors la tranquillité du règne de son successeur. Le mariage d'Isabelle, fille de Philippe-le-Bel, & du Prince de Galles fut arrêté. La Cour de France & celle d'Angleterre devoient se rendre à Boulogne pour en faire la cérémonie, quand la révolte presque entiere de l'Ecosse obligea Edouard à d'autres soins.

Il marcha à la tête de la plus belle armée qu'il eût mise sur pied, pour conquérir ce Royaume une quatrieme fois; mais il fut arrêté à Carlille par une maladie violente, & il mourut à Bruhe, petite Ville d'Ecosse, où il voulut être transporté, afin de mourir dans le pays qui avoit été tant de fois le théâtre de sa gloire. Le Prince de Galles fut aussi-tôt proclamé Roi, & prit le nom d'Edouard second. Le Roi son pere lui avoit recommandé en mourant de ne quitter les armes que lorsqu'il auroit remis les Ecossois dans l'obéissance, de ne jamais rappeller Gaveston, & de conclure son mariage avec Isabelle : mais, de toutes les volontés d'Edouard, cette derniere fut la seule exécutée.

Le nouveau Roi, content de l'hommage de quelques Seigneurs Ecossois, quitta l'Ecosse & se pressa de passer à Boulogne : il avoit ordonné à Gaveston de s'y rendre. Ce favori avoit reçu de la nature tout ce qu'il faut pour plaire : sa taille, quoique médiocre, étoit si bien prise, qu'on n'y trouvoit rien à desirer : il avoit tous les traits réguliers ; fa phifionomie étoit vive & fpirituelle. Perfonne n'avoit plus de charmes & d'agrémens dans l'efprit. Généreux, naturellement porté à faire du bien, peut-être auroit-il joui de fa fortune avec modération, fi elle ne lui avoit pas été difputée ; mais l'orgueil des Grands fit naître le fien, & il foutint avec hauteur un rang qu'il n'avoit pris d'abord qu'avec quelque forte de peine.

On juge bien que Gavefton devoit réuffir auprès des femmes ; auffi n'en avoit-il trouvé prefque aucune qui ne fe crût honorée de fes foins. Ses fuccès paffés lui donnoient une audace qui lui en affuroit de nouveaux. Il étoit cependant amoureux, & l'amour fubfiftoit dans fon cœur, malgré les infidélités dont le defir de plaire le rendoit fouvent coupable.

Edouard, charmé de revoir un homme que l'abfence fembloit lui avoir rendu encore plus cher, voulut le combler de biens. Gavefton accepta les libéralités de fon maître, bien moins par un principe d'ambition que par un autre motif. Il fe laiffa donner le titre de Comte de Cornouaille, qui avoit toujours été affecté aux Princes du Sang Royal. Le Duc de Lancaftre, coufin-germain du Roi, ne vit qu'avec indignation un titre qui devoit lui appartenir, poffédé par un Etranger : il prit dès-lors pour le favori une haine que l'amour & la jaloufie porterent dans la fuite aux derniers excès.

La fortune ne pouvoit fufciter

à Gaveston un ennemi plus dangereux. Le Duc de Lancastre étoit né avec le desir de commander ; mais, comme il ne pouvoit espérer d'être Roi, il voulut se faire un parti qui le rendit redoutable au Roi même. Tous les mécontens trouvoient auprès de lui un appui assuré : il soulageoit de son bien ceux qui se plaignoient des charges publiques ; & en redoublant par là leur haine pour le Gouvernement, il se les attachoit encore plus fortement. Son extérieur étoit modeste, & quoiqu'il fût magnifique en tout, il paroissoit cependant ennemi du faste. Tant de vertus apparentes lui avoient attiré l'estime publique, & personne n'avoit osé le condamner dans quelques occasions où les aparences ne lui avoient pas été favorables.

La plupart des Seigneurs Anglois, bleffés de l'élévation de Gaveston, s'unirent encore plus étroitement au Duc de Lancastre. Mais toutes ces haînes furent fufpendues par les réjouiffances du mariage d'Edouard & d'Ifabelle. Philippe avoit amené fa fille à Boulogne. Les deux Cours étaloient à l'envi tout ce qu'elles avoient de magnificence. Les femmes de la premiere qualité d'Angleterre étoient venues à Boulogne pour faire leur cour à la Reine, ou pour former fa Maifon : elles étoient prefque toutes belles & bien faites; mais la beauté de Mademoifelle de Gloceftre furpaffoit toutes les autres, & quoique très-différente, ne pouvoit être comparée qu'à celle de la Reine. Mademoiselle de Gloceſtre avoit le regard tendre, & je ne ſai quoi de paſſionné dans toute ſa perſonne. Iſabelle, au contraire, étoit belle de cette beauté qui pique plus qu'elle ne touche : les qualités de ſon ame répondoient à ſa figure; elle étoit plus ſuſceptible de paſſion que de tendreſſe ; plus capable de bien haïr que de bien aimer ; impérieuſe, fiere, ambitieuſe, & douce, complaiſante, bonne même quand ſon intérêt le demandoit. Comme elle étoit dans la premiere jeuneſſe, elle paroiſſoit n'avoir de goût que pour les plaiſirs. La coquetterie rempliſſoit ſon ambition : mais cette coquetterie étoit encore plus le deſir de dominer que celui de plaire. Le Duc de Lancaſtre, flatté de la confiance que la Reine lui marquoit, s'attacha à elle dans l'eſpérance de la faire ſervir à ſes projets ; &, ſéduit par les charmes de cette princeſſe, ſon cœur alla plus loin qu'il ne vouloit. Ce ne fût d'abord que dans la vue de plaire à Philippe-le-Bel, que Gaveſton fit ſa cour à la Reine ; mais ſes ſoins furent reçus de façon à l'engager d'en rendre de nouveaux. Il ſe promit une conquête plus brillante que toutes celles qu'il avoit faites juſques-là ; & ſi elle ne flattoit pas ſon cœur, elle flattoit trop ſa vanité pour la négliger.

Mortimer, d'une des premieres Maiſons de Normandie, dont les Ancêtres avoient paſſé en Angleterre à la suite de Guillaume-le-Conquérant, n'avoit pas de moindres prétentions. Il avoit vu Isabelle dans un voyage qu'il avoit fait en France à la suite d'Edouard premier, & il avoit conçu dès ce tems-là un violent amour pour elle, quoiqu'il ne lui eût montré que de l'admiration & du respect : elle avoit pénétré ces sentimens, & lui en avoit su gré.

Les trois amans d'Isabelle cherchèrent à se distinguer dans toutes les fêtes qu'on faisoit pour elle. Il y eut plusieurs tournois à Boulologne, où les Chevaliers prirent des livrées & des devises galantes. Mortimer seul affecta d'y paroître sans aucune distinction. Les Dames l'en raillerent le soir chez la Reine, qui l'en railla elle-même ; &

comme elle avoit cru en être aimée, il y avoit dans son ton, sans qu'elle s'en apperçût, une sorte d'aigreur.

Il est vrai, dit-elle, que Mortimer me donneroit mauvaise opinion de la galanteterie angloise, si je ne la connoissois que par lui.

Il y a des situations, Madame, lui dit Mortimer, en s'approchant d'elle d'un air soumis, où l'on n'ose se permettre d'être galant.

L'air avec lequel il regarda la Reine auroit suffi pour lui faire entendre ce qu'il vouloit lui dire : elle ne put s'empêcher d'en rougir ; & pour n'avoir pas l'embarras de se taire, elle fit mine d'avoir quelque chose à dire au Roi, qui entroit dans la chambre. Mortimer, content d'avoir été entendu, fut encore plus assidu à lui faire sa cour : il ne perdoit aucune occasion de se montrer à elle : elle ne pouvoit presque lever les yeux sans voir Mortimer. Il avoit toutes ces attentions qui deviennent plus flatteuses à mesure qu'elles tombent sur de plus petites choses.

Malgré tant de soins, le Comte de Cornouaille étoit préféré : il offroit à la vanité d'Isabelle un triomphe plus flatteur. C'étoit l'emporter sur toutes les femmes, que de s'attacher un homme à qui toutes avoient voulu plaire : mais cette préférence n'étoit point une exclusion dans le cœur de la Reine pour ses autres amans.

Les deux Cours se séparerent après deux mois de séjour à Boulogne. Le Roi, qui avoit remis son couronnement après la conclusion de son mariage, fit tout préparer pour la cérémonie : il voulut que Gaveston y portât la Couronne de Saint Edouard, dont on se servoit toujours dans ces occasions, & celle qui étoit destinée à couronner la Reine. Les grands Seigneurs d'Angleterre, de tout temps en possession de cet honneur, ne purent se le voir enlever par un Etranger, sans en marquer tout leur mécontentement. Leurs plaintes allerent si loin, que la Reine en fut allarmée : elle en parla à Gaveston. Vous les connoissez, lui dit-elle, ils passent dans un moment du murmure jusqu'à la sédition : cédez-leur une prérogative dont ils sont si jaloux. Je ne puis céder, Madame, lui dit-il, une distinction, un honneur qui a quelque rapport à Votre Majesté ; & , puisque la fortune ne m'a pas donné la Couronne de l'Univers pour la mettre à vos pieds, souffrez du-moins que je porte un moment celle qui vous est destinée.

Vous êtes si accoutumé, répondit la Reine, aux discours de galanterie, que les choses qui en sont les moins susceptibles prennent ce tour-là dans votre esprit ; mais songez que je vous parle sérieusement. Je serois plus coupable, Madame, d'oser dire une galanterie à Votre Majesté, que de lui avouer une vérité qui n'a pas été en mon pouvoir de lui dissimuler. Cette déclaration étoit trop précise pour n'être pas entendue : mais la Reine, trop favorablement disposée pour le Comte de Cornouaille, n'avoit pas la force de s'en offenser.

Je vous ordonne, lui dit-elle d'un ton qui démentoit son discours, de ne me plus parler; je ne veux ni vous croire, ni me fâcher contre vous.

Le couronnement se fit comme il avoit été arrêté. Gaveston y parut avec une magnificence qui acheva d'irriter les grands Seigneurs. Ceux dont le ressentiment parut le plus vif, furent le Comte de Pembrock, le Comte de Varvick & le Comte d'Arondel. Le premier avoit un motif pour haïr Gaveston encore plus fort que l'ambition : il étoit éperdument amoureux de Mademoiselle de Gloceftre; & cette belle personne, par une fatalité dont elle gémissoit, avoit une inclination pour Gaveston dont elle ne pouvoit triompher :

elle eut la douleur de s'appercevoir des soins qu'il rendoit à la Reine, & de ne pouvoir s'en diffimuler le motif. Elle étoit naturellement douce. Sa jaloufie conferva le même caractere. Elle s'affligeoit fans concevoir de haine pour fa rivale, ni de reffentiment pour un ingrat.

Comme elle avoit perdu fon pere & fa mere de très-bonne heure, elle avoit toujours été fous la conduite de Madame de Surrey, fa tante ; & ce n'étoit que depuis qu'elle étoit à la Cour, qu'elle étoit auprès de la Comteffe d'Herefort, fa fœur aînée. Quoique Madame d'Herefort eût plufieurs années de plus que Mademoifelle de Gloceftre, elle ne lui avoit jamais fait fentir aucune fupériorité. Ses manieres, fi propres à gagner la confiance d'une jeune personne pleine de vertu, firent leur effet. Mademoiselle de Gloceftre se reprochoit de n'avoir pas fait à sa sœur l'aveu de ce qui se passoit dans son cœur. Elle cherchoit un moment propre à cette confidence ; mais les embarras du voyage de Boulogne & la cérémonie du couronnement où les deux sœurs devoient paroître, les avoient si fort occupées, qu'elles n'avoient presque pas eu le tems de se parler en particulier depuis qu'elles étoient ensemble. Un jour que la Comtesse gardoit le lit pour quelque légere indisposition, & que Mademoiselle de Gloceftre étoit seule auprès d'elle : Je vous trouve plus rêveuse qu'à l'ordinaire, ma chere sœur, lui dit la Comtesse ; avez-vous quelque peine que j'ignore ? je ne veux les savoir que pour les partager avec vous. Comment pourrai-je, répondit Mademoiselle de Gloceftre, en fe jettant dans les bras de fa fœur, vous avouer mes foibleffes ? Oui, ajouta-t-elle, je dois vous les dire, & pour me punir & pour m'aider de vos confeils.

Vous favez que le Duc de Gloceftre, notre grand-pere, confia, après la mort de mon pere & de ma mere, mon éducation à Madame de Surrey, fa fille. Elle a paffé une partie de fa vie à la Cour ; & la part qu'elle avoit dans les bonnes graces de la Reine Ifabelle lui en donnoit prefque dans toutes les intrigues & les affaires de ce tems-là : mais, après la mort de cette Princeffe, elle ne trouva plus les mêmes agrémens. Marguerite de France, qu'Edouard épousa en seconde noce, donna à Madame de Surrey des dégoûts qu'elle sentit vivement & qui l'obligerent de sortir de la Cour. Il falloit ne pas donner à cette retraite un air de disgrace ; &, ce qui étoit aussi nécessaire, il falloit mettre quelque occupation à la place des affaires & des intrigues. La dévotion satisfaisoit à tout cela; & ma tante fut dévote. Les femmes & les hommes qu'elle recevoit chez elle ne pouvoient convenir à une fille de mon âge. Je n'allois dans aucune assemblée, & je ne sortois que pour accompagner ma tante à l'Eglise. Elle alloit toujours dans celle où il y avoit quelque dévotion particuliere ; & comme la foule y est toujours plus grande, un jour que j'avois peine à m'en démêler, un homme que je ne connoissois point s'empressa de me faire faire place. Comment est-il possible, me dit-il, en me donnant la main pour m'aider à marcher, qu'une beauté comme la vôtre n'attire pas les respects de tous les hommes ? Je suis cependant bien heureux que la grossiéreté de ces gens-ci m'ait donné occasion de voir une aussi belle personne & de lui rendre un petit service. Ma tante, qui entendit qu'on me parloit, se retourna, & me fit signe de la suivre. Je n'eus que le tems de faire la révérence à celui qui m'avoit parlé, sans oser presque le regarder. Je ne le vis cependant que trop pour mon repos. Il vint se mettre à quelque distance de nous ; & quoique je ne levasse pas les yeux, il me sembloit cependant qu'il n'avoit cessé de me regarder. Je le trouvai plusieurs jours de suite dans les Eglises où j'allois. Ma tante, surprise de le voir dans un lieu où son air & sa parure annonçoient quelque dessein, voulut savoir qui il étoit : elle fit questionner ses gens, qui ne firent aucun mystere du nom de leur maître. Nous apprîmes que c'étoit Gaveston, le favori du Prince de Galles. Madame de Surrey le soupçonna d'être amoureux de moi : elle le connoissoit par plusieurs aventures qui avoient fait du bruit dans le monde. Plus il lui parut aimable, plus elle le trouva dangereux : aussi ne songea-t-elle qu'à lui ôter toutes les occasions de me voir.

Je n'eus plus la permission de sortir que les jours que j'étois indispensablement obligée d'aller à l'Eglise, encore choisissoit-on les Eglises les plus éloignées & les moins fréquentées. Mais tous ces soins ne servirent qu'à me faire encore mieux remarquer les empressemens de Gaveston : c'étoit toujours la premiere personne que je voyois. Nous sortions aussi-tôt que ma tante l'avoit apperçu, & nous allions achever nos dévotions dans un autre endroit ; c'étoit avec aussi peu de fruit : nous retrouvions toujours Gaveston. Enfin, lassée de le fuir inutilement à la ville, Madame de Surrey me mena à la campagne. Gaveston trouva le moyen de m'y occuper toujours de lui, même par les soins qu'il falloit foit que je priffe pour l'éviter : il paroiffoit tous les jours dans quelque nouveau déguifement, & il fe conduifoit de maniere, qu'il fembloit qu'il ne cherchoit qu'à me voir, & qu'il craignoit prefque d'être vu. Toutes mes femmes étoient gagnées, fur-tout une d'elles en qui j'avois plus de confiance ; elle ne perdoit aucune occafion de me parler de Gavefton ; elle me faifoit valoir les foins qu'il prenoit pour me plaire ; elle me répétoit fans ceffe que le plus aimable de tous les hommes, le plus accoutumé à voir fes foins récompenfés, quittoit tous les plaifirs de la Cour pour venir paffer une partie de fon tems, caché dans une maifon de payfan, feulement pour me voir fans être vu. Ces difcours ne faisoient que trop d'impression sur moi ; j'avois eu cependant le courage de refuser une lettre dont elle s'étoit chargée, & je lui avois défendu d'accepter à l'avenir de pareilles commissions.

Gaveston, qui vouloit me parler, imagina d'acheter une terre qui joignoit le parc de la maison de Madame de Surrey : il en fit offrir un prix si fort au-dessus de sa valeur, que le marché en fut bientôt conclu ; & sous prétexte du voisinage, il fit demander à ma tante la permission de la voir. C'eût été une incivilité trop marquée de le refuser. Cette premiere visite se passa en politesse ; ma tante ne me perdoit pas de vue : Gaveston ne me put dire un seul mot, mais il trouva le moyen de me donner une lettre. Il falloit la prendre ou faire voir à ma tante que je la refusois : pour éviter cet inconvénient, & peut-être encore plus pour lire cette lettre, je me déterminai à la recevoir. Gaveston resta encore quelque tems avec nous ; & quoique j'eusse un très-grand plaisir à le voir, je mourois d'envie qu'il s'en allât, pour avoir la liberté de voir ce qu'il m'avoit écrit.

Dès que je fus dans ma chambre, je décachetai cette lettre avec un battement de cœur que je ne puis vous exprimer. Elle auroit dû m'ouvrir les yeux sur le caractère de Gaveston : quoiqu'elle parlât d'amour, elle n'étoit point tendre ; mais mon sentiment y ajoutoit ce qui y manquoit. Je la relus plus d'une fois ; je la portois toujours sur moi , & il m'arrivoit souvent de mettre la main dans ma poche pour avoir la satisfaction de m'assurer qu'elle y étoit. Il ne fut pas possible à ma tante d'éviter les visites de Gaveston. Le Prince de Galles vint chez lui : il l'engagea à nous venir voir. Que je suis foible , ma chere sœur ! Gaveston trouva le moyen de me parler en particulier : j'étois bien loin de le connoître assez pour être assurée de ses sentimens , & je lui fis l'aveu des miens. Ma sincérité, qui ne me permettoit pas de croire qu'on pût tromper ; mon cœur qui me faisoit juger du sien , ma malheureuse sensibilité, enfin jusqu'à la beauté du lieu , des jours , tout servoit à m'attendrir , tout conspiroit contre moi. Je ne vous redirai point les discours que Gaveston me tint pour me persuader ; ils ne suffiroient pas pour m'excuser de la promptitude de mon aveu ; je ne répèterois que ses discours , & je ne pourrois rendre la grace & la séduction qui les accompagnoit. Bien loin de se laisser aller à cet air audacieux qui lui est naturel , je croyois voir en lui ce respect qui rassure, cette timidité qui caractérise les grandes passions , & qui faisoit d'autant plus d'impression sur moi qu'elle étoit plus éloignée de son caractère. Il avoit trop d'expérience pour n'avoir pas pénétré mon secret, mais il sembloit l'apprendre : il en recevoit l'aveu avec un transport qui tenoit de la surprise , & qui étoit mêlé d'un doute qu'il affectoit, pour se le faire assurer davantage. Que vous dirai-je, ma chere sœur ? J'aimois, j'adorois Gaveston ; je ne lui cachai rien de ce que je pensois, & loin d'avoir des remords, je m'applaudissois de ma franchise. Je sentis une douceur inexprimable à la montrer toute entiere ; je crus connoître combien il la méritoit. Nous nous quittames enfin contens l'un de l'autre. Il trouva dans la suite de nouveaux moyens de nous voir, & les difficultés qu'il falloit surmonter pour y réussir, lui donnoient tant d'occupation qu'il n'avoit pas le tems de m'être infidèle.

Le Roi qui avoit dès-lors le dessein de l'éloigner du Prince de Galles, rappella mon frere qui visitoit depuis quelques années les Cours de l'Europe, & lui donna la charge de Chambellan du Prince. Gavefton y avoit prétendu ; & on crut qu'il ne pardonneroit pas au Comte de Gloceftre de l'avoir emporté fur lui : mais, loin de marquer de l'éloignement pour mon frere, Gavefton le prévint au contraire par mille marques d'eftime : il fit plus, il engagea le Prince, qui avoit d'abord reçu le Comte de Gloceftre avec beaucoup de froideur, à le bien traiter. Mon frere fut touché d'un procédé fi noble, & il prit dès-lors pour Gavefton cette amitié dont il lui a donné depuis tant de marques.

Peu de tems après, le Comte de Gloceftre devint amoureux de Madame Sterling, qui étoit jeune, jolie, & veuve depuis quelque tems. Gavefton connut fon amour auffi-tôt qu'il le connut lui-même. Comme elle étoit encore dans la dépendance de sa famille, mon frere ne pouvoit ni la voir ni lui faire tenir ses lettres qu'avec beaucoup de ménagement. Gavefton, fertile en reffources par l'expérience de ses galanteries, se chargea de lui faciliter l'un & l'autre, & il en vint bientôt à bout. Il trouva le moyen d'introduire la nuit le Comte de Gloceftre dans l'appartement de Madame Sterling. Comme elle logeoit chez son pere, homme sévere sur le point d'honneur, Gavefton, pour assurer la sûreté des rendez-vous, passoit dans la rue tout le tems que son ami étoit dans la maison. Tant de soins & tant de marques d'amitié ne trouvoient pas mon frere ingrat : il ne defiroit qu'une occasion de donner à Gaveston des preuves de sa reconnoissance : c'étoit où celui-ci vouloit le conduire. Après avoir affecté pendant quelques jours un air de tristesse qui fut d'autant plus remarqué qu'il ne lui étoit pas ordinaire, il proposa à Glocestre de venir se promener avec lui dans un jardin qui étoit peu fréquenté. Ils firent quelques tours de promenade, pendant lesquels mon frere ne put arracher de Gaveston que quelques paroles prononcées avec un air distrait & occupé. Pourquoi, lui dit mon frere, me faites-vous un secret de ce qui vous occupe si fort ? Vous n'êtes plus le même depuis quelques jours. Que voulez-vous que je pense de votre amitié, si vous ne me donnez pas dans votre confiance la même part que vous avez dans la mienne ? C'est pour ne plus mériter vos reproches, lui dit-il, que je vous ai prié de venir ici ; mais je vous avoue que je n'ai plus la force de parler : je vais peut-être perdre cette amitié qui m'est si chere, & m'ôter une espérance qui, toute légere qu'elle est, fait pourtant mon bonheur. Non, lui dit mon frere, ma tendresse sera toujours la même, puisque je suis bien sûr que vous ne pouvez rien m'apprendre qui diminue mon estime pour vous. Souvenez-vous du-moins, dit Gaveston, que c'est à mon ami & non pas au Comte de Gloceftre que je fais l'aveu de l'amour que j'ai pour sa sœur. Mon frere resta quelque tems sans parler, & puis tout d'un coup embraſſant de nouveau Gaveſton, l'envie de deviner, lui dit-il, comment il étoit poſſible que ma ſœur, preſque ignorée de toute la terre, fût connue de vous, a cauſé mon ſilence. Bien-loin d'être fâché que vous l'aimiez, je ſuis fort aiſe au contraire que l'alliance vienne encore ſerrer les nœuds de notre amitié. Ma ſœur ſait-elle que vous l'aimez ? Je ne vous demande point ſi elle vous aima : répondez à cette premiere queſtion, & je ſerai éclairci de la ſeconde. Gaveſton répondit aux amitiés de mon frere par une entiere confiance, & ne lui laiſſa rien ignorer de ce qui s'étoit paſſé entre nous.

Je blâmerois ma ſœur, lui dit le Comte de Gloceſtre, & je ne sais même si je lui pardonnerois d'avoir reçu vos soins sans l'aveu de ceux dont elle dépend, si je ne trouvois dans les sentimens que vous m'avez inspirés à moi-même de quoi la justifier. Je ne vous promets pas de vous servir auprès d'elle, je vois que vous n'en avez pas besoin ; mais je vous servirai auprès de Madame de Surrey, & je mettrai tout en usage pour qu'elle vous soit favorable auprès de mon grand-pere. Donnez-moi, ajouta-t-il en riant, une lettre de créance auprès de ma sœur ; elle n'oseroit se confier à moi, & j'ai besoin de concerter avec elle les mesures que nous devons prendre. Gaveston m'écrivit : mon frere vint me voir le même jour, & me dit en me donnant la lettre dont il étoit chargé, qu'il viendroit prendre la réponse le lendemain.

J'avois besoin de ce délai pour me remettre ; j'étois dans une confusion telle que vous pouvez vous la représenter. Je passai la nuit à étudier ce que je dirois à mon frere ; quoique sa conduite dût me promettre beaucoup d'indulgence, je mourois de honte de ce qu'il savoit ma foiblesse ; il m'apporta une seconde lettre le lendemain, & me demanda si j'avois fait réponse. Je suis fâchée, lui dis-je, de m'être mise à portée de recevoir de pareilles lettres ; j'ai tant de peur d'avoir perdu votre estime que je n'ai plus rien à dire à celui qui me les écrit. Je vous avoue, dit le Comte, que j'aurois été très-affligé, si je vous avois vu penser pour un autre comme vous penfez pour Gavefton : mais j'ai tant d'eftime & d'amitié pour lui, il vous aime fi véritablement que, bien loin de m'oppofer à l'inclination que vous avez l'un pour l'autre, je ferai tous mes efforts pour qu'il obtienne l'agrément de notre famille. Je fai que fa naiffance & fa fortune font bien au-deffous de ce que vous pourriez prétendre ; mais la faveur du Prince, qu'il poffede toute entiere, le mettra tôt ou tard dans le rang le plus élevé.

Depuis ce jour, mon frere n'en paffoit aucun fans m'apporter des lettres de Gavefton. Je ne diffimulai plus le plaifir qu'elles me faifoient ; l'amitié que j'ai toujours eue pour le Comte de Gloceftre, étoit bien augmentée depuis qu'il étoit mon confident : nos converfations ne finiffoient plus ; & ce qui m'y attachoit davantage , c'étoit les louanges qu'il donnoit à fon ami. C'eft toujours un plaifir d'entendre louer ce qu'on aime, mais ce plaifir eft encore plus fenfible quand les louanges viennent de quelqu'un qui nous eft cher.

Il falloit, pour la fatisfaction de Gavefton & un peu pour la mienne , qu'il pût être reçu chez ma tante : mon frere le fouhaitoit prefque autant que nous. Il parla à Madame de Surrey , & lui repréfenta qu'il falloit bien que je connuffe le monde, puifque je devois y vivre. Ce n'étoit pas par goût que Madame de Surrey : avoit pris le parti de la retraite ; d'ailleurs , quelque dévote que foit une femme , elle eft toujours bien aise que des raisons de bienséance l'obligent à se permettre des amusemens qu'elle a presque toujours quittés à regret ; elle consentit sans beaucoup de peine à ce que mon frere desiroit.

Lorsqu'on sut à la Cour que Madame de Surrey vouloit recevoir du monde, les hommes & les femmes s'empresserent d'y venir.

Le Comte de Pembrock devint amoureux de moi dans ce tems-là : il ne perdoit aucune occasion de me marquer son amour. J'étois si satisfaite de voir Gaveston, quoique je ne lui parlasse presque jamais, que j'en souffrois le Comte de Pembrock avec moins de peine. Il est aimable, il pouvoit me plaire, il pouvoit obtenir l'aveu de ma famille, Gaveston en fut jaloux : s'il m'avoit bien aimée, sa jalousie l'auroit rendu plus tendre ; il auroit cru ne me pas assez mériter, & il auroit craint de me perdre : il m'auroit fait des prieres, & non pas des reproches ; mais il avoit plus de vanité que d'amour : il m'écrivit d'abord des lettres remplies de plaintes, & s'approchant de moi pendant que Madame de Surrey étoit occupée à parler à quelqu'un : je vous félicite, Mademoiselle, me dit-il, de vos conquêtes. Savez-vous, ajouta-t-il, qu'on ne conserve pas long-tems les premieres, quand on a tant de plaisir à en faire de nouvelles : j'aimois de trop bonne foi pour m'allarmer de la jalousie de Gaveston, & bien loin d'être blessée du ton dont il me parloit, je lui tins compte de sa vivacité ; il n'étoit cependant guère possible que je manquasse de politesse pour un homme du rang du Comte de Pembrock ; mais Gaveston ne goûtoit point mes raisons : il me quitta brusquement aussi-tôt que je voulus lui en parler ; il passa deux jours sans m'écrire. Je m'en plaignis à mon frere : il me dit que Gaveston étoit au désespoir, que si je l'avois aimé, je lui aurois fait le sacrifice du Comte de Pembrock, sans qu'il l'eût demandé, & que bien loin d'avoir quelque égard pour sa peine, j'avois regardé le Comte de Pembrock des mêmes yeux. J'aimois Gaveston, je me rangeai de son parti contre moi-même ; je crus avoir tort puisqu'il étoit fâché ; & je me reprochai l'amour de Pembrock, comme si j'avois eu dessein de le lui inspirer. J'en promis le sacrifice, & je l'écrivis à Gaveston ; il s'appaisa, & nous nous raccommodames. Je fus pénétrée de joie de quelques mots qu'il me dit, nos yeux reprirent leur ancienne intelligence ; Gaveston étoit satisfait, il en paroissoit plus aimable, & je l'en aimois davantage de cette satisfaction que je lui avois donnée ; l'embarras étoit de tenir parole. Pembrock, malgré mes froideurs & presque mes incivilités, ne se rebutoit point ; j'en étois désespérée ; je voyois à tout moment la jalousie de Gaveston prête à s'allumer. Un jour qu'ils étoient tous deux chez Madame de Surrey avec plusieurs personnes de la Cour, on y proposa une partie de promenade dans un jardin à un mille de Londres. Gaveston qui n'ofoit me donner la main, la donnoit à ma tante ; je ne pus refufer celle de Pembrock. Gaveston qui marchoit avant moi avec Madame de Surrey, tourna la tête & jetta fur moi un regard, où je lus fa colere ; je n'y pus faire d'aütre chofe que de feindre de m'être fait mal au pied en marchant. Je fis un cri, en difant que je ne pouvois aller plus loin ; on m'aida à rentrer dans la chambre. Je ne fais fi Pembrock avoit vu la maniere dont Gaveston m'avoit regardée ; mais il ne fut point la dupe de mon artifice. Je vois bien, dit-il, Mademoifelle, que c'eft moi qui vous ai porté malheur. J'éviterai à l'avenir de caufer de pareils accidens, mais je vous demande de vouloir m'entendre encore une fois. Je ne vous dirai rien que de conforme au refpect que j'ai pour vous ; il fortit en même-tems, & me laiffa très-interdite & très-embarraffée. Le prétendu accident qui m'étoit arrivé avoit rompu la promenade ; tout le monde s'empreffoit à me demander de mes nouvelles. Gavefton s'approcha de moi comme les autres, & trouva le moyen de me parler un moment : qui n'auroit été trompé à tout ce qu'il me dit de tendre pour me remercier de ce que je venois de faire ? cette marque de ma complaifance lui perfuadoit que j'avois de la bonté pour lui, & c'étoit le fouverain bonheur. Hélas ! je le croyois, & peut-être le croyoit-il auffi lui.

même. La plupart des hommes prennent un sentiment vif d'amour-propre pour de l'amour; je servois si bien celui de Gaveston, qu'il croyoit être tendre, quand il n'étoit que reconnoissant ; je lui dis que Pembrock avoit demandé à me parler ; il se croyoit si sûr de mon cœur qu'il consentit à cette conversation. Je l'eus dès le lendemain. Ma tante s'étoit accoutumée à me voir avec les hommes qui venoient chez elle ; il arrivoit même assez souvent quand elle avoit affaire, de me laisser dans sa chambre avec ses femmes ; elle étoit entrée dans son cabinet quand le Comte de Pembrock arriva ; je m'étois mise sur un lit pour continuer la feinte de la veille. Sa vue m'embarrassa ; il s'en apperçut :

Ne craignez point, me dit-il, Mademoiselle, ce que j'ai à vous dire, je ne suis pas assez heureux pour être en droit de vous faire des reproches; je me plains seulement de mon malheur, & peut-être me seroit-il moins sensible si je ne prévoyois le vôtre : oui, Mademoiselle, ce rival, que vous me préférez n'est pas digne de vous; il ne connoîtra plus le prix de votre cœur, dès qu'il croira en être assuré; il lui faut des obstacles à vaincre, & tout malheureux que je suis, je vois que je lui ai fait ombrage. Je me retire, non pas pour faire cesser ses inquiétudes, mais pour vous donner cette marque de respect. Je trouvai tant de franchise dans le procédé du Comte de Pembrock, & j'en ai tant moi-même, que si je ne lui avouai pas ma foiblesse, je n'eus pas non plus la force de la lui désavouer. J'entends, Mademoiselle, me répondit-il, tout ce que vous n'osez me dire : ma conduite vous prouvera que je mérite votre sincérité. Peut-être connoîtrez-vous quelque jour combien l'attachement que j'ai pour vous est différent de celui de mon rival ; je vous demande alors de vous souvenir que mon cœur n'a jamais été sensible que pour vous. Je vois, ajouta-t-il, en me regardant, que ce que je viens de vous dire vous déplaît ; mais pardonnez quelque chose à un homme à qui vous avez inspiré un amour qui ne finira jamais, & à qui vous venez d'ôter toute espérance.

rance. Quelques personnes qui entrerent mirent fin à une conversation que je ne pouvois plus soutenir. Le Comte de Pembrock sortit & partit le lendemain pour la campagne. Les premiers jours qui suivirent son éloignement, furent pleins de douceur. Gaveston redoubla d'attention & de vivacité.

Plusieurs hommes de la Cour me rendirent des soins: mais il est vrai qu'une femme n'a point d'amans quand elle n'en veut point avoir. Les miens se lasserent d'une persévérance inutile, & me laisserent jouir du plaisir de prouver à Gaveston que je ne voulois plaire qu'à lui. Ce tems heureux & le seul heureux de ma vie, ne dura guères; j'eus bientôt lieu de m'appercevoir que l'esprit de Gaveston avoit plus besoin d'occupation que son cœur. Au lieu de cette vivacité qu'il marquoit auparavant pour trouver une occasion de me dire un mot ; il laissoit échapper celles qui se présentoient naturellement : c'étoit moi qui me plaignois, j'avois pris son rôle, & il n'avoit pas pris le mien : mais quelle différence dans nos procédés. Je n'avois point examiné si ses inquiétudes étoient raisonnables ; je m'affligeois de ce qui l'affligeoit ; je n'avois jamais vu que sa peine, & j'avois mis tout en usage pour la faire cesser. Lui, au contraire, m'écoutoit avec une espece de joie tranquille ; je lisois dans ses yeux que le plaisir d'être aimé ne lui laissoit point d'attention pour les peines que ma tendresse me donnoit.

Mon frere à qui je confiois mes inquiétudes n'étoit nullement propre à cette confidence; son amour pour Madame Sterling ne lui apprenoit pas ces délicatesses ; c'étoit de ces sortes d'attachemens où le cœur n'a point de part. Sa maitresse & lui se brouillerent pourtant comme s'ils s'étoient bien aimés; Gaveston fut encore chargé de négocier la réconciliation ; il vit plusieurs fois Madame Sterling ; on ne parla d'abord que de ce qui faisoit le sujet de leur entrevue.

Chez les femmes de ce caractère, le plaisir d'un nouveau triomphe l'emporte toujours sur l'intérêt de l'amant. Gaveston étoit l'homme de la Cour le mieux fait, & le plus à la mode : que de raisons pour éveiller la coquetterie de Madame Sterling ! il étoit à-peu-près dans les mêmes difpofitions qu'elle ; d'ailleurs la fingularité de l'aventure le piquoit. Que vous dirai-je ? Ils manquerent à ce qu'ils devoient à l'amitié & à l'amour ; & comme ils avoient l'un & l'autre intérêt de cacher leur perfidie, mon frere obtint fa grace, & fut reçu à l'ordinaire.

Gavefton me voyoit avec la même affiduité. Je ne fai fi les reproches qu'il fe faifoit l'attendriffoient pour moi ; mais j'étois plus contente de lui que je ne l'avois été depuis quelque tems.

Un jour que j'étois occupée à affortir des pierreries, une de mes femmes me montra une bague d'un très-grand prix que je me fouvins d'avoir vue à Gavefton ; je voulus savoir de qui elle la tenoit; elle me dit qu'elle n'étoit point à elle, & que Gaveston l'avoit donnée à sa sœur, qui étoit Femme-de-chambre de Madame Sterling. Un présent de cette conséquence me fit naître de grands soupçons; mais je ne pus alors en savoir davantage : il fallut aller dans l'appartement de ma tante, où j'étois attendue. Gaveston y étoit. Ce que je venois d'apprendre me donnoit une inquiétude que je ne pouvois dissimuler. Il s'en apperçut; & s'approchant de moi sous quelque prétexte, d'où vient, me dit-il, Mademoiselle, l'air que je vous vois ? j'en dois être allarmé. Je n'ai point d'inquiétude, répondis-je, ou du-moins je n'en devrois point avoir. Ces paroles & le ton avec lequel je les prononçai l'étonnerent : il n'ofa me parler davantage dans ce moment ; & prenant le tems qu'on étoit occupé à regarder des marchandifes de France, qu'on apportoit à Madame de Surrey : que vous m'allarmez, dit-il, Mademoifelle ! ce que vous m'avez dit & l'attention que je vous vois, depuis deux heures, d'éviter mes regards, me fait craindre d'être le plus malheureux des hommes. Il prononça ces mots avec un air fi attendri, qu'à mon ordinaire je crus être injufte de le foupçonner. Il me vint dans l'efprit que la bague avoit été donnée pour mon frere. Cette idée fut bientôt la plus forte dans mon efprit, & j'agis avec lui le refte de la journée comme à l'ordinaire. Dès que je fus feule, mes soupçons me revinrent. Je fis appeller cette femme. Elle étoit à moi depuis peu de tems, ainsi elle ignoroit quel intérêt je pouvois prendre à ce qui regardoit Gaveston. Elle a de l'esprit, elle comprit bien vîte de quoi il étoit question ; elle m'assura qu'elle seroit instruite de tout ce que je voudrois savoir. J'attendis cet éclaircissement avec l'impatience & le trouble que vous pouvez vous figurer. Il s'agissoit d'apprendre si un homme que j'aimois, & dont je me croyois aimée, étoit digne de ma tendresse ou de mon indignation. Quelle situation ! il n'en est pas de plus cruelle. Je fus deux jours dans cet état, pendant lesquels, pour ne pas être obligée de voir du monde, je feignis une légere indisposition. Enfin j'appris ce que je craignois tant de savoir, que Gaveston étoit coupable & ne méritoit pas d'être aimé. Ma Femme-de-chambre, instruite par sa sœur, me rapporta les détails de cette intrigue. J'aurois pu pardonner une galanterie, mais comment pardonner la tromperie qu'il avoit faite à son ami ? Il n'y avoit pas moyen de l'excuser là-dessus, & je vous avoue que j'en étois sensiblement affligée. Je vis bien qu'il falloit rompre. Je continuai pendant quelques jours de garder la chambre pour m'affermir dans mes résolutions. Mon frere m'embarrassoit : il me sembloit que je ne devois pas lui dire ce que je savois de la conduite de son ami. Les querelles entre les hommes sont toujours dangereuſes ; mais c'étoit bien moins la prudence que la crainte de faire du mal à un homme que je croyois pourtant haïr. Je me déterminai enfin de dire à mon frere qu'il y avoit encore ſi peu d'apparence que la fortune de Gaveſton pût devenir telle qu'il la faudroit pour obtenir le conſentement de mon grandpere, que je croyois qu'il étoit de mon devoir de ne plus recevoir ſes ſoins. Et pourquoi donc les avez-vous reçus, me dit mon frere, avec une eſpèce de colere? Parce que vous m'y autoriſiez, lui répondis-je, & que j'eſpérois que les choſes changeroient. Eſpérez-le donc encore, me répliqua-t-il , & ne déſeſpérez pas mon ami, ſi vous ne voulez me déſeſpérer moi-même. La vivacité de mon frere, qui rendoit Gaveston encore plus coupable, me donna la force de lui réfister. Je lui fis fi bien voir que ma réfolution étoit prife & je la colorai de tant de raifons, qu'il fut obligé de fe rendre & de prendre la commiffion de dire à Gaveston les difpofitions où j'étois. Il étoit chez Madame de Surrey où il attendoit mon frere pour favoir de mes nouvelles. Ils fortirent enfemble : dès qu'ils furent feuls, mon frere rendit compte, avec tous les ménagemens de l'amitié la plus tendre, de la converfation qu'il venoit d'avoir avec moi. Quelle furprife pour Gaveston, qui croyoit aimé, & qui n'avoit jamais penfé qu'il pût jamais ceffer de l'être ! L'amour-propre & l'amour qu'il avoit pour moi lui causoient la plus sensible douleur qu'il eût encore éprouvée : il ne pouvoit comprendre d'où lui venoit son malheur : l'aventure de Madame Sterling n'en pouvoit être cause, puisque mon frere l'ignoroit. Il le pria de se charger d'une lettre. Mon frere vint me l'apporter : il fit inutilement tout ce qu'il put pour que je l'ouvrisse ; il fallut la rapporter à Gaveston telle qu'il la lui avoit donnée. J'en usai de même de plusieurs autres ; &, pour achever de le désespérer, Milord Pembrock, qui n'avoit pas trouvé dans l'absence les secours qu'il en avoit espérés, étoit revenu de la campagne aussi amoureux qu'auparavant : il n'avoit pu résister au plaisir de me revoir. Je le reçus mieux que je n'avois fait jufques-là. Il ne fe flatta point de devoir à lui-même ce changement ; comme il ne voyoit plus Gavefton fi fouvent chez Madame de Surrey & qu'il s'apperçut que, quand il y étoit, il n'ofoit me parler, il comprit la vérité : il m'en parla avec tant d'honnêteté & de difcrétion qu'il augmenta l'eftime que je ne pouvois m'empêcher d'avoir pour lui : infenfiblement je m'accoutumai à lui parler plus qu'à un autre : à la vérité c'étoit de chofes indifférentes; mais c'étoit toujours une diftinction, & il en fentoit le prix. Gavefton ne pouvoit contenir fa jaloufie. Je l'évitois avec tant de foin qu'il n'avoit pu ni me faire des reproches, ni favoir le fujet de fa difgrace. La colere où j'étois

s'accrut encore par une circonſ-
tance que le haſard me fit ſavoir.
Deux hommes s'étoient battus, à
l'entrée de la nuit, dans la rue où
logeoit Madame Sterling; Gaveſton
les avoit ſéparés. Je jugeai qu'il ne
s'étoit trouvé là ſi à-propos que
parce qu'il vouloit entrer chez cette
femme. J'avois été pluſieurs fois
tentée de lui accorder la converſa-
tion qu'il me demandoit avec tant
d'inſtance, mais le plaiſir que j'i-
maginois à l'accabler de reproches
m'étoit ſuſpect.

Mon frere, fâché de la maniere
dont je traitois ſon ami, étoit froid
avec moi, & ne me parloit plus
en particulier. Le Comte de Pembrock, au contraire, ne perdoit
pas une occaſion de me marquer
la vivacité de ſon amour. Son pere,

qui vivoit encore dans ce tems-là, defiroit beaucoup une alliance comme la nôtre; il ne fut pas plutôt informé de la paffion de fon fils, qu'il en parla à mon grand-pere, dont il étoit ami. Le vieux Comte de Gloceftre entra avec plaifir dans le projet : il lui promit qu'il en parleroit à Madame de Surrey. Pour moi, il comptoit fur mon obéiffance, & crut qu'il étoit inutile de me faire part de fes deffeins.

Milord Pembrock, charmé d'avoir une auffi agréable nouvelle à donner à fon fils, qu'il aimoit tendrement, le fit appeller. Remerciez-moi, lui dit-il ; je viens de conclure votre mariage avec Mademoifelle de Gloceftre : fi vous m'aviez fait votre confident, j'aurois travaillé plutôt à vous rendre heureux. Le Comte de Pembrock, furpris & troublé par la crainte que je ne le foupçonnaffe d'avoir été de moitié dans les démarches que fon pere avoit faites auprès de mon grand-pere, gardoit le filence. L'efpérance dont il étoit flatté & la crainte que je ne vouluffe pas confentir à fon bonheur le partageoient tour-à-tour. Enfin, prenant fon parti, je vous demande en grace, Monfieur, lui dit-il, de n'aller pas plus loin avec le Duc de Gloceftre, & de l'engager à ne point parler à Madame de Surrey. J'ai befoin de quelque tems pour me réfoudre à l'engagement que vous voulez que je prenne; je vous demande cette complaifance. Milord Pembrock, qui favoit fon fils amoureux, fut très-étonné de lui trouver si peu d'empressement. Il lui représenta tous les obstacles qui pouvoient naître ; mais son fils demeura ferme à demander du tems, & l'obtint. Je n'avois jamais reçu de lettre de lui ; je fus très-étonnée quand une de mes femmes m'en remit une. Mon premier mouvement fut de la lui renvoyer ; mais comme je connoissois son respect pour moi, je crus que puisqu'il m'écrivoit, il avoit quelque chose de très-important à me dire : j'ouvris sa lettre. Il me mandoit qu'il étoit de la derniere importance pour moi que je lui accordasse une conversation, & comme il étoit difficile que ce pût être chez ma tante, il me proposoit d'aller à l'Abbaye des Bénédictines, dont sa tante est Abbesse, & où ma sœur est Religieuse : je ne fis aucune difficulté de lui parler : il m'assuroit que ce seroit en présence de ma sœur. Je ne soupçonnai point le Comte de Pembrock de vouloir me tromper : je jugeai qu'il s'agissoit de quelque chose d'important, & je me déterminai, comme il me le proposoit, d'aller à l'Abbaye. Le jour fut pris au lendemain. Je vous prie, Mademoiselle, me dit-il aussi-tôt qu'il me vit seule avec ma sœur, de croire que je n'ai point de part à ce que je vais vous apprendre, & que quelque grand que fût pour moi le plaisir qu'on me promet, je ne l'accepterai jamais, si c'est un malheur pour vous. Il me conta ensuite ce qui s'étoit passé entre

Milord Pembrock & lui. Il faut vous aimer, ajouta-t-il, Mademoiselle, aussi parfaitement que je vous aime, pour avoir eu la force de cacher ma passion. Quel plaisir de pouvoir dire que vous êtes la plus adorable personne du monde & la mieux adorée ! Je vous ai sacrifié ce plaisir. Votre intérêt le demandoit : il falloit, pour ne point vous exposer à des désagrémens, me charger seul de la suite de cette affaire. Rien n'étoit plus noble & plus généreux que le procédé du Comte de Pembrock. J'en fus touchée jusqu'au point de verser des larmes ; il s'en apperçut, & se jettant à mes pieds, laissez-vous attendrir, me dit-il, Mademoiselle, pour un homme pour qui vous avez déja quelque estime:

le tems & mon amour feront le reste, sur-tout quand votre devoir sera pour moi. J'avois laissé parler le Comte de Pembrock sans lui répondre ; je rêvois profondément à ce que je devois faire. La raison étoit pour lui ; mais mon cœur n'en étoit pas d'accord. Vous ne me répondez point, me dit-il ; peut-être êtes-vous moins touchée du sacrifice que je vous fais que de la peine de me devoir quelque chose. Non, lui répondis-je enfin, je suis pénétrée de reconnoissance, mais accordez-moi à moi-même le tems que vous avez demandé. Hélas ! me dit le Comte, qu'il y a d'ingratitude à être reconnoissante comme vous l'êtes ! N'importe, je vous ai rendue la maitresse de mon sort, & quoi qu'il m'en coûte, je souscrirai à ce que vous ordonnerez ; mais souffrez du moins les témoignages d'une passion dont vous serez peut-être touchée quand elle vous sera bien connue.

J'étois déterminée à vaincre la malheureuse inclination que j'avois pour Gaveston, & l'admiration que me donnoit le procédé du Comte de Pembrock me faisoit tant d'illusion, que je me flattai que je n'avois besoin que d'un peu de tems, & que je l'épouserois ensuite sans aucune répugnance ; & si je ne lui promis pas, je le lui laissai du moins espérer. Nous nous séparames ; il étoit content, & je croyois presque l'être.

Je me mis au lit en rentrant chez ma tante : j'avois besoin d'être seule pour démêler mes propres sentimens. Je me livrai d'abord à toute l'estime que j'avois pour le Comte de Pembrock ; mais plus je l'estimois, & plus je trouvois que je ne devois l'épouser que quand je serois sûre que je pourrois l'aimer. Il devint encore plus assidu chez Madame de Surrey. Je lui donnois toutes les occasions de me parler que la bienséance me permettoit : je m'exagérois à moi-même son mérite & ce qu'il avoit fait pour moi ; j'évitois Gaveston avec soin, & il me sembloit que cet effort me coûtoit moins tous les jours.

Mon frere n'avoit aucune connoissance de ce qui s'étoit passé entre Milord Pembrock & le Duc de Glocestre : j'avois cru ne lui en devoir point parler ; mais comme Gavefton faifoit toujours des tentatives pour me voir, & que la liberté qu'il avoit acquife chez Madame de Surrey pouvoit enfin lui en faire naître l'occafion, je me déterminai à dire à mon frere ce que je lui avois caché jufques-là, pour qu'il l'engageât à ne plus faire de démarches, inutiles pour lui & embarraffantes pour moi. Il m'écouta avec furprife. Eft-il poffible, me dit-il, que vous puiffiez vous réfoudre à faire le malheur d'un homme qui vous adore, & à me rendre malheureux moi-même ? car vous n'ignorez pas que les malheurs de mon ami font les miens. Si quelqu'autre m'avoit dit en faveur de Gavefton tout ce que mon frere me difoit, peut-être en aurois-je été touchée, mais plus il me parloit pour lui, plus il me le faisoit voir coupable. Je fus presque tentée de lui dire ce que je savois de sa perfidie ; mais les mêmes raisons qui m'avoient arrêtée, m'arrêterent encore : il me quitta très-mécontent de n'avoir pu rien gagner sur mon esprit. Quelque chagrin qu'il eût d'avoir à annoncer une aussi fâcheuse nouvelle à son ami, il falloit pourtant la lui dire. Il alla chez le Prince, où il contoit le trouver : on lui dit qu'il n'y avoit point paru ; que le Prince étoit enfermé avec le Roi, & qu'il ne verroit personne ce soir-là. Gaveston entroit au Palais comme mon frere en sortoit. Ils raisonnerent quelque-tems sur cette conférence du Prince & du Roi, qui n'étoit pas ordinaire. Mon frere reconduisit Gaveston chez lui ; & commençant par l'embrasser avec beaucoup de tendresse : vous savez, mon cher Gaveston, lui dit-il, que j'avois toujours espéré que nous serions unis par les liens du sang comme nous le sommes par ceux de l'amitié. Quoi ! s'écria Gaveston, Mademoiselle de Glocestre veut m'abandonner ! je m'étois flatté que ces froideurs dont je ne connoissois point la cause, ne tiendroient point contre mon amour, je les ai supportées par respect pour elle, sans oser presque m'en plaindre. Mais puisque ce respect tourne contre moi, je veux la voir, je veux lui parler, je veux lui demander raison de son changement, je

veux

veux lui montrer tout mon désespoir ; elle en sera touchée. Je l'aime trop pour ne pas conserver un peu d'espérance. Par pitié, faites que je lui parle, disoit-il à mon frere ; vous seul pouvez me rendre un service auquel ma vie est attachée. Si elle persiste après cela dans son dessein, je ne vous importunerai plus de mes plaintes.

Le Comte de Glocestre souhaitoit presque autant que Gaveston qu'il pût me voir : cependant il ne consentit à rien qui pût intéresser ma réputation. Après avoir cherché plusieurs moyens, ils s'arrêterent à celui de gagner le Portier de Madame de Surrey & de l'obliger, dès que Gaveston seroit chez elle, de renvoyer tout le monde. Mon frere se chargea d'adresser à ma tante un homme pour traiter avec elle d'une affaire qui l'intéressoit beaucoup. Tout s'exécuta le lendemain comme il l'avoit réglé : je vis entrer Gaveston & peu après l'homme qui étoit envoyé par mon frere : il sembloit que ma tante eût été d'accord avec eux. Je voulus me retirer quand elle entra dans son cabinet ; elle m'ordonna de rester, & dit à une de ses femmes de demeurer avec moi. Cette femme n'étoit point suspecte à Gaveston : il avoit mis presque tous les gens de Madame de Surrey dans ses intérêts. Dès qu'il ne fut vu que d'elle, il se jetta à mes pieds. Je ne partirai point d'ici, Mademoiselle, me dit-il, que vous ne m'ayez appris quel est mon crime. Peut-être n'étois-je pas digne des bontés que vous avez eues pour moi ; mais enfin vous les avez eues ; vous m'avez laiffé croire que je ne vous étois pas indifférent : je fuis le même que j'étois alors. Par quel malheur ai-je perdu un bien qui faifoit tout mon bonheur ? Je ne veux point chercher à vous attendrir par les marques de mon défefpoir ; tout grand qu'il eft, je faurai vous le cacher, s'il ne doit qu'exciter votre pitié : c'eft à votre cœur feul que je veux devoir le retour de vos bontés. Parlez, Mademoifelle, dites-moi un mot, mais fongez que la réponfe que vous m'allez faire décidera de mon fort ; &, fans vous importuner de mes plaintes, je faurai me venger fur moi-même de mon malheur. Le ton dont il me parloit étoit le ton d'un homme véritablement touché, & je crois qu'il l'étoit : il m'aimoit alors, & il m'aimeroit encore, si la vanité de plaire n'étoit en lui plus forte que tout autre sentiment. J'étois cependant si prévenue de ses perfidies, que je l'écoutois presque avec indifférence; j'eusse bien voulu les lui reprocher, mais je trouvois que je me vengeois encore mieux en lui laissant croire que mon changement n'avoit point de cause.

Mais, malgré mes résolutions, quelques mots qui m'échapperent alloient m'attirer un éclaircissement, sans l'arrivée de mon frere. Il se jetta en entrant sur une chaise, comme un homme accablé de douleur. Mes inquiétudes n'étoient que très-bien fondées, mon cher

Gavefton, lui dit-il ; le Prince m'a envoyé chercher pour me charger de vous apprendre qu'il a été obligé de confentir à votre exil : il a réfifté autant qu'il a pu ; il n'a cédé que dans la crainte d'augmenter par fa réfiftance la colere du Roi ; il craint même que vous ne foyez arrêté; il vous prie de paffer fur les terres de France, où vous ferez à l'abri de la rage de vos ennemis. Hé ! que m'importe leur rage, répondit-il, Mademoifelle de Gloceftre vient de me mettre au point de ne les plus craindre : la vie m'eft odieufe. Je ne fuirai point comme veut le Prince ; j'irai au contraire me préfenter au Roi; quelque irrité qu'il foit, il ne fauroit me rendre plus miférable que je le fuis. La disgrace de Gaveston m'avoit changée en un moment ; je ne le voyois plus coupable, je ne le voyois que malheureux, & le retenant comme il se disposoit à sortir : non, non, lui dis-je, vous n'irez point, & si vous m'aimez, vous ferez tout ce qu'il faut pour vous mettre en sûreté. Quoi ! s'écria-t-il, en se jettant de nouveau à mes pieds avec des transports de joie qu'il ne pouvoit contenir, vous vous intéressez encore à moi, vous ne voulez pas que je périsse ? grand Dieu, que je suis heureux ! La joie le transportoit au point qu'il n'étoit plus maître de ses actions : il m'embrassoit les genoux, il baisoit mes mains, sans que je pusse l'en empêcher. J'avoue que ce moment fut aussi doux pour moi que pour lui : je ne contraignois plus mes sentimens, & bien loin de me reprocher ma tendresse, j'avois un plaisir vif à sentir que j'aimois. Mon frere se désespéroit de ne pouvoir se faire écouter de Gaveston : il fallut que je fisse usage de mon pouvoir pour l'obliger à songer aux mesures qu'il y avoit à prendre. Nous convinmes qu'il falloit dire à Madame de Surrey ce qui se passoit. Son amitié pour Gaveston, & plus encore sa haine pour le Gouvernement nous assuroit son secours. Aussi entra-t-elle effectivement avec beaucoup de vivacité dans tout ce que lui & mon frere proposerent : elle promit d'assurer la fuite de Gaveston. Ils convinrent qu'il passeroit le reste de la journée chez elle ; qu'on n'y recevroit personne , & que mon frere & un Gentilhomme attaché à notre Maison, en qui on pouvoit prendre confiance , le conduiroient à l'entrée de la nuit au port, où il trouveroit un vaisseau qui feroit voile dans le moment qu'il seroit embarqué.

Nous eumes plusieurs occasions de nous parler jusqu'au moment qu'il partit. J'étois pressée alors de lui expliquer mes sujets de plaintes, non pas pour entendre ses justifications, il n'en avoit plus besoin , mais pour me justifier moi-même. Il me dit tout ce qu'il voulut, & je crus tout ce qu'il me dit.

La joie dont nos cœurs étoient pleins ne nous laissa pas sentir toute l'amertume de notre séparation. Les mesures pour assurer sa fuite étoient d'ailleurs si bien prises, qu'il n'y avoit presque aucun lieu de craindre. Le plaisir de le voir suspendoit mes craintes ; mais aussi-tôt que je l'eus perdu de vue, je ne vis que des périls & je vis tous ceux qui étoient possibles. Mon frere devoit venir nous rendre compte de ce qui se feroit passé : il n'y avoit pas une heure qu'ils étoient partis, que je m'allarmois de ce qu'il n'étoit pas encore de retour ; & quoique la nuit fût fort sombre, je me tenois à la fenêtre, & le plus petit bruit me faisoit tressaillir. Je passai plusieurs heures dans cet état : chaque moment ajoutoit quelque chose à mes allarmes ; enfin mon frere parut, &

me fit un signe dont nous étions convenus ; & comme il étoit trop tard pour entrer chez ma tante, il remit au lendemain à m'en dire davantage.

Ils avoient été arrêtés par le Prince, qui avoit voulu embraffer fon favori avant de s'en féparer, & l'affurer lui-même qu'il partageroit un jour fon pouvoir. (Vous voyez qu'il lui a tenu parole.) Mon frere me rendit compte de toute leur converfation : Gavefton l'en avoit prié , & l'avoit chargé de m'affurer qu'il ne fouhaitoit cette fortune qu'on lui promettoit que pour être moins indigne de moi. J'avois été fi occupée de ma joie & de ma crainte que je n'avois prefque pas penfé à la fituation où j'étois avec le Comte de

Pembrock : d'ailleurs, quand on est bien plein d'un sentiment, on croit que tout ce qui le favorise sera aisé, sur-tout quand les difficultés ne sont pas présentes : mais quand il fut question d'examiner avec mon frere la conduite que je devois tenir, nous nous y trouvâmes très-embarrassés par les espérances que je lui avois laissé concevoir. La franchise étoit le seul parti honnête & le seul digne de moi : quoiqu'il pût être périlleux, je m'y déterminai sans balancer. Cependant il étoit instruit de tout ce qui s'étoit passé ; on lui avoit dit à la porte de Madame de Surrey qu'elle n'y étoit pas, justement dans le moment que Gaveston y entroit : on lui avoit fait dans la journée la même réponse plusieurs fois. Pour s'éclaircir, il avoit pris le parti de se tenir dans la rue, & comme mon frere & le gentilhomme attendoient un peu plus loin, il vit Gaveston, assez avant dans la nuit, sortir seul de la maison de Madame de Surrey. Quelle vûe pour un homme amoureux, à qui on avoit laissé prendre des espérances ! Il se crut trompé de la manière la plus outrageante : & si, par respect pour lui-même, il ne se proposa pas de se venger, il se promit du moins de me faire sentir combien je lui paroissois différente de ce que je lui avois paru. Il vint le lendemain chez ma tante dans ces dispositions. Je crus m'appercevoir qu'il avoit quelque chose de fâcheux dans l'esprit, & je jugeai par la façon dont il me regardoit que j'y avois part ; j'en fus déconcertée : j'étois embarrassée de ce que j'avois un peu de tort.

Le Prince étoit chez ma tante, ensorte qu'il n'étoit pas possible de me parler en particulier sans être remarqué. Le Comte de Pembrock, jusques-là plein de circonspection, crut en être dispensé : il vint se mettre auprès de moi, & me regardant avec un sourire amer, puis-je vous demander, Mademoiselle, me dit-il, si Gaveston m'est favorable, & s'il vous a conseillé de consentir à mon bonheur.

Ces paroles & le ton dont elles étoient accompagnées, firent disparoître les torts que je croyois avoir un moment auparavant, & me redonnerent toute ma fierté.

Je n'ai besoin des conseils de personne, lui dis-je, Monsieur, pour vous prier de cesser de me rendre des soins qui seroient inutiles. Je vous obéirai, me répondit-il en se levant, mais mon rival se sentira peut-être quelque jour d'une vengeance qu'il m'est du moins permis de faire tomber sur lui : il sortit aussi-tôt. Mon frere, qui étoit dans la chambre, comprit à ma rougeur une partie de ce qui venoit de se passer. Nous ne doutâmes point que le Comte de Pembrock ne fût informé que Gaveston avoit passé tout un jour avec moi, & les domestiques que nous questionnâmes nous apprirent ce que je viens de vous dire. Je devois craindre son ressentiment, mais j'étois si contente du sacrifice que je faisois à Gavefton ; j'imaginois tant de plaisir à le lui écrire, que cette pensée m'occupoit toute entiere, & ne laiſſoit place à aucune autre.

Le Comte de Pembrock étoit véritablement amoureux ; il se repentit bientôt de ce qu'il avoit fait. L'absence de Gavefton diminuoit sa jalousie & réveilloit ses espérances : il mit tout en œuvre pour m'appaiser ; il employa ma sœur : elle me parla pour lui, elle me peignit le défespoir où il étoit de m'avoir déplu, mais je n'en fus point touchée ; de certaines offenses ne se pardonnent qu'à un amant aimé. Je priai ma sœur de ne plus se charger de pareilles commissions, & je lui fis si bien voir que je ne pouvois être heureuse en épousant le Comte de Pembrock, qu'elle lui conseilla elle-même de n'y plus penser.

J'avois été si occupée du péril de Gaveston, de la joie de notre raccommodement, que je n'avois presque pas encore senti son absence ; mais quand je n'eus plus rien à faire ni à craindre pour lui, je fus accablée de la pensée que je ne le verrois de long-tems. Je ne savois plus de quoi remplir mes jours ; tout m'étoit insipide, ou indifférent : je n'avois de consolation que celle de parler de lui à mon frere. Il nous écrivoit avec exactitude ; je n'ai pas toujours été également contente de ses lettres: il y en a eu quelques-unes, où j'ai apperçu de la froideur. Je craignois alors quelques nouveaux traits de légèreté : mais comme les goûts qu'il avoit n'étoient pas apparemment de nature à l'attacher long-tems, de nouveaux témoignages de sa tendresse me rassuroient. Quelque occupé qu'il ait été à son retour de sa nouvelle faveur, il trouvoit le tems de me rendre des soins ; mais il n'est plus le même depuis le voyage de Boulogne : le desir de plaire à la Reine lui a fait presque oublier qu'il m'a aimée, & que j'ai le malheur de l'aimer encore ; il n'en est cependant point amoureux : la vanité seule a part à ses démarches. Je vois avec douleur que la vanité va le perdre. Le Comte de Lancastre est son rival ; Mortimer l'est aussi. Je crains la puissance du premier, & l'artifice du second. Les grands sont déja irrités : je vois des partis se former. Gaveston n'a pour sa défense que l'amitié du Roi ; mais ce prince n'a ni courage ni fermeté : il pleurera la perte de son favori, il n'aura pas la force de l'empêcher ; & pour achever de m'accabler, je crains encore que l'amour que le Comte de Pembrock a pour moi ne lui donne un ennemi de plus. J'ai cru pendant long-tems que le dépit avoit éteint sa passion, & je crois qu'il l'a cru lui-même. Bien loin de me rendre des soins, il me fuyoit avec affectation, & il paroissoit plus prêt de me haïr que de m'aimer : mais depuis le voyage de Boulogne, il m'a paru qu'il cherchoit à me voir ; il a affecté, dans les tournois, de porter mes couleurs. Vous souvient-il de cet Amour qui étoit peint sur son bouclier, son flambeau sur la bouche, avec ces paroles : *Je me nourris de mes feux* ; je crains bien qu'il n'ait voulu me faire entendre par-là que sa passion est toujours la même.

En vérité, dit Madame d'Herefort, quand Mademoiselle de Glocestre eut cessé de parler, vous me donnez tant de colere contre Gaveston, & il me paroît d'ailleurs si ennemi de sa fortune, que je ne saurois le plaindre.

Hélas, ma sœur, reprit-elle, ne vous joignez point à ses ennemis : il est vrai que la fortune a fait quelque changement en lui ; mais quelle vertu n'auroit-il pas fallu avoir pour soutenir d'un esprit égal une si prompte élévation ! ne lui faites point un crime d'être ce que tout autre seroit comme lui. Plus vous le justifiez, répondit Madame d'Herefort, plus il me paroît coupable d'avoir manqué à une personne de votre caractère. C'est encore, répliqua Mademoiselle de Glocestre, la faute du préjugé établi : les hommes se sont persuadés que l'amour ne les oblige pas à une probité si exacte ; & d'ailleurs ils ne se croient obligés qu'à la fidélité du cœur.

ANECDOTES
DE LA COUR
ET
DU RÈGNE
D'ÉDOUARD II,
ROI D'ANGLETERRE.

LIVRE SECOND.

Les allarmes de Mademoiselle de Gloceſtre n'étoient que trop bien fondées : les ennemis du Comte de Cornouaille ſe multiplioient tous les jours, & il en accrut le nombre par la magnificence qu'il affecta de montrer aux tournois qui se firent deux jours après le couronnement. Le Prince Louis, qui avoit accompagné la Reine sa sœur en Angleterre, en avoit fourni le dessein : il s'agissoit de décider par les armes qui l'emportoit pour la beauté, des Françoises ou des Angloises. Le Duc de Lancastre, & les Comtes de Glocestre & de Cornouaille soutenoient la beauté des Françoises; le Prince Louis, les Comtes d'Arondel & de Pembrock s'étoient chargés de la défense des Angloises; ils devoient courir d'abord les uns contre les autres, & ensuite contre tous venans.

Ces six Chevaliers avoient chacun leurs raisons particulieres pour le parti où ils s'étoient engagés ; le seul Comte de Gloceftre y avoit été entraîné par fa complaifance pour le Comte de Cornouaille.

Le jour qui précéda celui qui étoit marqué par le tournois, toute la Cour étoit chez la Reine, & la fête du lendemain faifoit le fujet de la converfation.

Je fens, dit cette Princeffe au Duc de Lancaftre, tout le prix de votre complaifance : vous voulez, par égard pour moi, prendre part à des amufemens qui doivent paroître bien frivoles à un homme auffi fage que vous. Les chofes où vous prenez quelque part, Madame, lui dit-il, ceffent d'être frivoles pour moi ; & je renoncerois à cette fageffe dont V. M. me flatte, fi elle me parloit un autre langage. Ce difcours pouvoit être une fimple galanterie, mais la Reine ne s'y méprit pas. La conquête du duc de Lancaftre étoit de celles qu'une femme du caractère d'Ifabelle ne pouvoit négliger : je fuis bien aife, répondit-elle au Duc, en le regardant de la manière la plus féduifante, que votre raifon foit dans mes intérêts ; & examinant des bijoux qu'on lui apportoit pour les prix qu'elle devoit donner : je vais, ajouta-t-elle, choifir ce que j'aurai le plaifir de vous donner demain. Après en avoir pris plufieurs, elle ordonna au Comte de Gloceftre de porter à Mademoifelle de Gloceftre, qui n'étoit pas à la Cour ce foir-là, ceux qui étoient deftinés pour les

Chevaliers

Chevaliers des Angloises, & que Mademoiselle de Gloceftre devoit donner. Elle étoit feule dans fa chambre, la tête appuyée fur une de fes mains, tenant une lettre qu'elle mouilloit de quelques larmes. Que vois-je! lui dit le Comte de Gloceftre, vous pleurez? le Comte de Cornouaille peut-il vous écrire quelque chofe qui vous afflige? Hélas, répliqua-t-elle, cette lettre eft du Comte de Pembrock: pourquoi faut-il que je lui aye infpiré ce que je n'ai pu infpirer au Comte de Cornouaille, & ce que je voudrois n'infpirer qu'à lui. Vous êtes bleffée, dit le Comte de Gloceftre, du parti qu'il a pris dans le tournoi; mais c'eft une galanterie qui ne tire point à conféquence. Tout eft de conféquence

E

quand on aime, répliqua Mademoiselle de Gloceſtre ; pourquoi du moins ne cherche-t-il pas à me tromper ? Que ne vient-il me dire même de mauvaiſes raiſons ? il craint mes reproches, & il ne craint pas ma douleur. Le Comte de Gloceſtre perſuadé de la ſincérité des ſentimens de ſon ami fit de ſon mieux pour l'excuſer : il s'acquitta enſuite de la commiſſion de la Reine. Je ne puis, lui dit-elle, m'en charger ; je vous avoue que je n'ai ni la force de voir le Comte de Cornouaille recevoir un prix des mains de la Reine, ni celle de m'expoſer à en donner à un autre qu'à lui ; mais M. de Gloceſtre combattit la répugnance de ſa ſœur par des raiſons de bienséance auxquelles elle fut obligée de se rendre.

Elle parut le lendemain dans le lieu destiné pour les courses, sur un balcon qu'on avoit placé à côté de celui de la Reine ; & malgré sa tristesse, elle étoit d'une beauté qui décidoit du moins la question entre elle & cette Princesse. La franchise avoit été promise à tous ceux qui voudroient combattre, ensorte que beaucoup de François avoient passé la mer pour faire preuve de leur adresse & de leur galanterie.

Après les fanfares accoutumées, le Prince Louis & le Duc de Lancastre commencerent à courir l'un contre l'autre avec assez d'égalité ; les Comtes de Glocestre & d'Arondel leur succederent, &

firent admirer leur bonne grace & leur adreſſe. Milord Pembrock & le Comte de Cornouaille parurent enſuite.

Mais avant que de commencer, ils s'avancerent tous deux comme de concert au milieu de la carriere. Ce n'eſt pas la beauté des Dames Angloiſes en général qui m'oblige à combattre, dit Milord Pembrock, mais je ſoutiens qu'il n'eſt rien de ſi parfait que Mademoiſelle de Gloceſtre.

Il ne s'agit pas toujours, répliqua le Comte de Cornouaille, d'avoir une cauſe juſte, il faut encore ſavoir la défendre, & nous allons voir qui de vous ou de moi s'en acquite le mieux.

L'amour & la fortune favoriſoit également le Comte de Cornouaille ; il remporta tout l'avantage de cette courſe. Celui que Milord Pembrock obtint enſuite contre pluſieurs Chevaliers ne le dédommagea pas, & ce ne fut qu'avec une confuſion mêlée de dépit qu'il alla recevoir un prix des mains de Mademoiſelle de Gloceſtre. Le jour étoit près de finir quand il parut à la barriere un Chevalier couvert d'armes noires, qui défia le Duc de Lancaſtre. Les Juges du camp ne vouloient plus permettre de combat, mais le Duc de Lancaſtre s'avança tout fièrement contre ſon adverſaire : tout vaillant qu'il étoit, il ne put ſoutenir l'impétuoſité du Chevalier noir ; il fut renverſé & tomba entre les pieds des chevaux : le Chevalier deſcendit auſſi-tôt du sien, & s'approchant du Duc de Lancastre : releve-toi, lui dit-il, & viens, si tu le peux, l'épée à la main, défendre toutes tes injustices. La voix de celui qui parloit n'étoit que trop connue au Duc : oui, dit-il, en se relevant avec fureur, quoique je dûsse t'abandonner à la rigueur des loix, je ne dédaignerai pas de te punir moi-même. Il se commença alors entre eux un combat où la rage étoit seule consultée : bientôt les armes de l'un & de l'autre rougirent de leur sang, & il auroit peut-être été funeste à tous les deux, si le Roi n'avoit promptement ordonné qu'on les séparât. Le Comte de Varvick, un des Juges du camp, attaché au Duc de Lancastre, s'avança des premiers : il vouloit qu'on s'assurât du Chevalier aux armes noires ; mais le Comte de Gloceftre, charmé de la valeur de ce brave inconnu, réclama pour lui la franchife promife à tous ceux qui voudroient combattre ; & pour empêcher qu'on ne lui fît infulte, il le fit accompagner par deux gentilshommes de fa fuite.

Le combat du Comte de Cornouaille & du Chevalier à la panache couleur de feu, n'étoit guères moins animé ; ils fournirent leur carrière avec affez d'égalité, mais cette égalité ne les fatisfaifoit ni l'un ni l'autre. Ils voulurent encore rompre quelque lance, & la victoire après avoir été quelque tems incertaine, fe déclara pour le Comte de Cornouaille.

La fortune te favorife, lui dit

l'inconnu, mais mon courage me vengera dans une occaſion plus férieuſe d'un avantage que tu ne dois aujourd'hui qu'à ta feule adreſſe. Il s'éloigna après avoir prononcé ces mots, & ſortit de la barriere avec tant de vîteſſe, qu'on l'eut bientôt perdu de vue.

Tandis que le Comte de Varvick faiſoit conduire le Duc de Lancaſtre chez lui, & que M. de Cornouaille répondoit aux queſtions du Roi & de la Reine ſur l'inconnu qu'il venoit de combattre, Mademoiſelle de Gloceſtre étoit occupée des plus triſtes réflexions.

Mortimer n'avoit pu ſe déguiſer à des yeux que l'intérêt d'un amant aimé rendoit encore plus clairvoyans : elle l'avoit reconnu pour celui qui venoit de défier le Comte de Cornouaille. La honte de sa défaite alloit encore augmenter sa haîne pour le favori, & cette haîne n'étoit que trop redoutable par le caractere de Mortimer & ses liaisons avec tous les ennemis du Comte de Cornouaille.

Un Souper & un Bal chez la Reine devoient terminer les plaisirs de cette journée; mais cette Prin cesse, attentive à ménager le Duc de Lancastre, ne voulut permettre aucun plaisir dans un tems où les blessures qu'il venoit de recevoir pouvoient mettre sa vie en danger : elles étoient graves, & les maux de l'esprit étoient encore au-dessus de ceux du corps. Cette aventure pouvoit donner connoissance de ce qu'il avoit tant d'intérêt de cacher : d'ailleurs, quelle honte d'avoir été vaincu aux yeux de la Reine ! comment paroître devant elle ? comment répondre aux questions qu'on ne manqueroit pas de lui faire ? quel moyen prendre pour empêcher l'inconnu de rester en Angleterre & de tenter quelque entreprise. L'impossibilité où il étoit d'agir par lui-même l'obligea de se confier au Comte de Varvick, qui étoit resté auprès de lui. Je crois, lui dit-il, pouvoir compter absolument sur vous, j'ai besoin de votre secours & de votre discrétion : il est important pour mon repos & même pour mon honneur de savoir en quel lieu s'est retiré celui qui m'a blessé, & s'il étoit possible, de le mettre en lieu de sûreté, jusqu'à ce que j'aie consulté avec vous ce que je dois faire. Le Comte de Varvick, infiniment sensible à la confiance du Duc de Lancastre, l'assura de son zèle & le quitta pour exécuter ses ordres. Cependant le Comte de Cornouaille, qui n'avoit presque point vu Mademoiselle de Glocestre depuis son retour de Boulogne, alla le lendemain chez elle. Les avantages qu'il avoit remportés, surtout contre le Comte de Pembrock, lui donnerent un air de satisfaction dont elle ne put s'empêcher d'être blessée. Il me semble, lui dit-elle, que ce n'est pas ici que vous devez apporter la joie de vos triomphes : & pourquoi, Mademoiselle, lui répliqua-t-il, ne vous montrerois-je pas cette joie, puisque vous en êtes l'objet?

Le desir de paroître seul digne de vous adorer a redoublé mon adresse, & c'est à ce desir que je dois le plaisir sensible d'avoir appris au Comte de Pembrock qu'il n'appartenoit qu'à moi de vous défendre. Vous aviez apparemment le même dessein, lui dit-elle, quand vous avez combattu l'inconnu ; il m'a même paru que vous apportiez plus de soin pour obtenir cette derniere victoire. J'ai été attaqué avec tant d'ardeur, dit le Comte de Cornouaille, qu'il falloit ou succomber ou employer pour vaincre tout ce que j'ai de force. Avouez, lui dit-elle, que si vous avez été flatté de triompher à mes yeux de M. de Pembrock, vous l'avez été encore davantage des triomphes que vous avez remportés aux yeux de la Reine. Je prévois, ajouta-t-elle, les malheurs que vous vous préparez : que ne pouviez-vous oublier dans ce moment l'intérêt que je prends à vous !

Ce n'est point vos conseils, Mademoiselle, répondit-il, que je veux suivre, c'est vos ordres que je veux exécuter : prescrivez-moi la conduite que je dois tenir, & comptez sur ma soumission.

Le plaisir de trouver un amant aimé tel qu'on le desire est trop sensible pour ne pas s'y abandonner. Mademoiselle de Gloceftre en crut les protestations du Comte de Cornouaille : ils concerterent la maniere dont il devoit se conduire avec la Reine. Le Comte avoua qu'il lui avoit parlé & qu'il en avoit été écouté favorablement.

Elle vous aime, dit Mademoiselle de Gloceftre, & voilà ce qui m'allarmoit. Je ne vous reproche point ce que vous avez fait contre moi, mais je ne puis vous pardonner ce que vous faites contre vous. La Reine vous haïra fitôt qu'elle ne fe croira plus aimée. Conduifez-vous de façon qu'elle ne puiffe fe plaindre, & fongez qu'il en coûtera moins à mon cœur de foupçonner votre fidélité que d'avoir à craindre pour vous.

Le Comte de Cornouaille aimoit véritablement Mademoifelle de Gloceftre; & quoiqu'il ne fût que trop fouvent entraîné par fes légéretés, il n'y avoit aucun moment dans fa vie où il n'eût tout facrifié pour elle. La bonté & la doucœur de cette belle personne le pénétrerent d'amour & de reconnoissance : il employa, pour lui marquer l'un & l'autre, toutes ces expressions que le cœur fournit si bien quand il est véritablement touché, & que lui seul peut bien fournir.

Le Prince Louis, qui avoit reçu plusieurs prix des mains de Mademoiselle de Gloceftre, vint lui rendre visite : il avoit conçu le dessein de lui plaire, & c'étoit dans cette vue qu'il avoit eu l'idée du tournoi. Nous vous devons beaucoup, lui dit-il, Mademoiselle, de ne vous être pas montrée hier aussi belle qu'aujourd'hui. Aucun Chevalier des Dames Françoises n'auroit eu l'audace de combattre, & j'aurois été privé de la gloire d'être récompenfé par les plus belles mains du monde.

Le Prince Louis prenoit mal fon tems pour faire écouter fes difcours. Mademoifelle de Gloceftre étoit contente de fon amant, elle croyoit en être aimée, & cette fituation ajoutoit encore à l'éloignement naturel qu'elle avoit pour toute coquetterie. Auffi répondit-cile au Prince avec un refpect fi froid qu'il n'eut pas la hardieffe de continuer ; il la fuivit chez la Reine, & s'il ne lui parla pas, il tâcha du moins par fes empreffemens de lui faire entendre ce qu'il n'ofoit lui dire. Le Comte de Cornouaille qui n'avoit point vu la Reine depuis les courfes, parut devant elle avec cet air de confiance que le fuccès donne toujours.

La Reine chercha à lui dire des choses obligeantes sur ce qui s'étoit passé la veille. Il y répondit avec cette grace qui accompagnoit toutes ses actions. Isabelle vouloit être aimée, elle crut l'être, & son inclination pour le Comte de Cornouaille en devint plus forte.

Le Roi, qui revenoit de chez le Duc de Lancastre, parla beaucoup de l'inconnu aux armes noires, & vouloit chercher à deviner qui il étoit. Je n'ai point remarqué, dit la Reine, qu'il y eut de la singularité dans ses armes.

Mortimer, qui étoit derriere son fauteuil, désespéré de la façon dont elle venoit de traiter le Comte de Cornouaille, ne fut pas maître de sa jalousie, & s'approchant de son oreille, Hé, Madame, lui dit-il, Votre Majesté a-t-elle vu quelque chose que l'heureux Gaveston? il sortit sans attendre la réponse, & laissa la Reine plus étonnée qu'offensée de sa hardiesse ; il fut traité quand il se présenta devant elle aussi favorablement qu'il l'avoit toujours été.

Le Comte de Varvick qui s'étoit acquitté des ordres qu'il avoit reçus du Duc de Lancastre, avoit su que l'inconnu avoit été accompagné par deux gentilshommes du Comte de Glocestre, & qu'il étoit actuellement chez le Comte de Cornouaille.

M. de Lancastre n'avoit pas besoin de ce nouveau motif pour haïr le Comte de Cornouaille. Que n'osera point cet audacieux favori, disoit-il au Comte de Varvick, puisqu'il ose prendre ouvertement la défense de mon ennemi?

Ne doutez pas que lui & Gloceſtre n'aient quelque projet qu'il eſt important à la ſûreté publique de découvrir. Je vous charge de ce ſoin, & vous connoîtrez combien il eſt néceſſaire de traverſer les liaiſons de ces deux hommes & de l'inconnu, quand je vous aurai confié les raiſons que j'ai pour la craindre.

Le Duc de Lancaſtre, accoutumé à n'exercer la généroſité que pour ſervir ſon ambition, ne jugeoit pas mieux des Comtes de Cornouaille & de Gloceſtre. Cependant cette généroſité qu'il étoit ſi éloigné de comprendre, avoit été le ſeul motif de l'aſile que M. de Cornouaille accordoit à l'inconnu. Ces deux gentilshommes du Comte de Gloceſtre, chargés de le conduire, s'étoient apperçus que le sang qu'il perdoit l'alloit faire tomber en foibleſſe. Ils n'héſiterent pas à le faire porter chez le Comte de Cornouaille, dont la maiſon étoit près du lieu où ils étoient. On mit le bleſſé dans un appartement, les Chirurgiens qui furent promptement appellés, déclarerent que la perte du ſang avoit été ſi conſidérable que, quoique les bleſſures fuſſent légères, on ne pouvoit, ſans expoſer ſa vie, le tranſporter ailleurs.

Pendant les premiers jours, les Comtes de Gloceſtre & de Cornouaille ſe contenterent de s'informer de ſes nouvelles, & ne chercherent point à le voir. Mais auſſitôt que l'inconnu fut en état de ſortir de ſa chambre, il leur fit demander la permiſſion de les remercier; il s'acquitta de ce devoir d'un air ſi noble, qu'il augmenta l'envie qu'ils avoient déja de le connoître.

Si on jugeoit des choſes par ce qu'elles ſont effectivement, lui dit le Comte de Gloceſtre, c'eſt M. de Cornouaille & moi qui vous devrions des remerciemens de nous avoir donné occaſion de ſervir un auſſi brave homme que vous, & ſi nous ne craignions, ajouta le Comte de Cornouaille, d'être indiſcrets, nous vous ſupplierions de vous faire connoître plus particulièrement à nous. Les raiſons que j'ai de me cacher, répondit l'inconnu, diſparoiſſent quand il s'agit de vous prouver mon obéiſſance. Je me trouve même heureux que la curiosité que vous daignez avoir, me donne lieu de vous marquer par ma confiance une reconnoissance dont apparemment je ne pourrai jamais vous donner d'autres marques. Je suis de la maison de..... une des plus illustres de Normandie, & qui a eu l'avantage de s'allier plusieurs fois à ses Souverains : mon pere attaché à ses premiers maîtres, ne vit qu'avec chagrin notre Province réunie à la Monarchie Françoise ; il conserva toujours son attachement pour les Rois d'Angleterre. Mon pere élevé dans les mêmes sentimens dédaigna long-tems de se montrer à la Cour de France, persuadé d'ailleurs qu'un nom comme le sien, soutenu de beaucoup de mérite, lui suffisoit. Une charge considérable qui étoit à sa bien-séance vint à vaquer, il la demanda avec la fierté d'un homme qui sen ses avantages ; mais les ministres sont ordinairement plus attentifs à mettre dans les places ceux qui conviennent à leur politique, que ceux qui conviendroient aux places. Mon pere fut refusé, & se retira chez lui avec un mécontentement qu'il n'eut pas soin de dissimuler.

Une révolte qui arriva à Rouen au sujet d'un nouvel impôt qu'on vouloit y établir, fournit aux ennemis de M. de..... le prétexte dont ils avoient besoin pour le perdre : il fut accusé d'avoir des intelligences avec le Roi d'Angleterre, & d'avoir, de concert avec le Prince, fomenté la révolte. On lui fit son procès, & il porta sa tête sur un échafaud, bien moins pour expier un crime qui n'a jamais été bien éclairci, que pour délivrer les Miniſtres d'un homme que ſon mérite leur rendoit redoutable. Mon extrême jeuneſſe me déroba la connoiſſance de mon malheur. Ma mere ne ſurvécut à mon pere que de quelques mois : elle chargea, en mourant, mon grand-pere maternel de mon éducation. Tous les biens de notre Maiſon avoient été confiſqués, & le peu qu'on en put ſauver fut remis à mon grandpere. Les hommes ſont bien plus glorieux de porter un nom illuſtre qu'ils ne ſont humiliés des taches que le crime a attachées à ces noms : auſſi ne me fit-on quitter le mien que parce qu'il étoit odieux à la Cour & qu'il étoit devenu une exclusion

exclusion à la fortune. Je pris celui de Saint-Martin, & je ne parus dans le monde que comme un simple Gentilhomme : mais la connoissance de ce que j'aurois dû être me faisoit souffrir de ce que j'étois. Les progrès que je faisois dans toutes les choses qu'on m'enseignoit firent naître pour moi, dans le cœur de mon grand-pere, une ambition qu'il n'avoit jamais eue pour lui-même : il espéra que je rétablirois notre Maison dans son ancien lustre. Comme le malheur de mon pere avoit été principalement fondé sur ses liaisons avec le Roi Edouard, il jugea que c'étoit à la Cour de ce Prince que je devois tenter la fortune. Je fus envoyé à Londres à l'âge de vingt ans & adressé à Milord Lascy, à

F

qui j'appartenois, & qui se faisoit honneur de tirer son origine de notre Maison. Je l'instruisis de ma véritable condition; je le priai de me faire obtenir de l'emploi à la guerre, & d'attendre, pour me faire connoître, que j'eusse acquis quelque réputation. Milord Lascy me reçut comme un homme dont l'alliance l'honoroit, & ne voulut pas permettre que je logeasse ailleurs que chez lui. A l'égard de l'emploi que je demandois, il n'étoit pas à portée de l'obtenir. Le Roi Edouard qui avoit reconnu en lui une ambition démesurée, l'avoit toujours écarté des affaires, & en avoit fait par-là un républicain zélé. Sous prétexte de maintenir la liberté, Milord Lascy satisfaisoit sa jalousie contre ceux qui obtenoient dans le Gouvernement une place qu'il auroit voulu occuper. Le Duc de Lancaſtre, à qui il avoit reconnu des inclinations pareilles aux ſiennes, lui avoit paru propre à être chef d'un parti. Dans cette vue, il s'étoit attaché à lui, lui avoit promis ſa fille, qui étoit le plus grand parti d'Angleterre; & fondoit ſur cette alliance les plus grandes eſpérances pour l'avenir.

Mademoiſelle de Laſcy n'avoit encore que douze ans; elle étoit élevée chez ſon pere. Je ne vis d'abord en elle qu'un enfant qui avoit des graces & des agrémens de ſon âge; & ſi Milord Laſcy ne m'avoit engagé à lui enſeigner quelques airs françois qu'elle avoit envie d'apprendre, je l'aurois vue

F 2

long-tems sans péril : mais ce fut l'habitude de la voir, la familiarité qui naît insensiblement de cette habitude, qui me perdit. Je fus assez long-tems à me tromper moi-même ; je ne me croyois pas amoureux, parce que je ne voulois pas l'être ; mais mon indifférence pour toutes les autres femmes, le plaisir que je trouvois auprès de Mademoiselle de Lascy, celui de lui donner des leçons, celui de les lui faire répéter mille fois, me firent connoître malgré moi ce que je voulois me dissimuler. Tout ce que la raison & la reconnoissance peut faire penser, se présenta à mon esprit ; je ne me flattai point sur une passion dont je voyois la folie, & qui répugnoit en quelque sorte à l'exacte probité. C'étoit violer l'asile que

Milord Lafcy m'avoit donné, que d'être amoureux de fa fille : je réfolus donc de mettre tout en ufage pour me guérir. Le remède le plus efficace, & apparemment le feul, auroit été de m'éloigner ; mais je conçai plus que je ne devois fur ma raifon : au lieu de fuir Mademoifelle de Lafcy, je crus en faire affez de ne la voir que dans les tems où j'y étois indifpenfablement obligé. Mademoifelle de Lancaftre, quoique plus âgée que Mademoifelle de Lafcy, la voyoit fouvent : elle m'avoit rencontré plufieurs fois, & m'avoit beaucoup mieux traité que n'auroit dû l'etre un homme tel que je le paroiffois. Ses bontés me firent naître la penfée de la voir chez elle, afin de me donner une occupation qui me contraignît à m'éloigner de Mademoiselle de Lascy.

Mademoiselle de Lancastre n'étoit pas propre à faire une diversion dans mon cœur : au lieu de ces graces simples & naïves de Mademoiselle de Lascy, Mademoiselle de Lancastre ne faisoit rien qui ne fût le fruit d'une étude profonde ; elle étoit fière & dédaigneuse pour l'honneur de sa beauté, mais cette fierté ne se faisoit sentir qu'à ceux qui lui étoient soumis ; elle employoit pour se faire aimer tout ce que la coquetterie peut avoir de plus séduisant. Je ne fus pas jugé indigne d'augmenter son empire ; elle eut pour moi des attentions que la passion que j'avois dans le cœur rendoit inutiles & m'empêchoient même de remarquer. Depuis que je connoissois mes sentimens pour Mademoiselle de Lascy, j'étois plus sérieux & plus réservé avec elle : elle s'en apperçut. D'où vient, me dit-elle un jour avec un air chagrin où j'appercevois pourtant beaucoup de douceur, que vous ne m'appellez plus votre écoliere ? Je n'ose aussi vous dire mon maître, & j'en suis fâchée : car jaimois à vous donner ce nom. Un sentiment si tendre qu'elle ne me découvrit que parce qu'elle ne le connoissoit pas elle-même, me pénétra du plaisir le plus sensible que j'aie peut-être goûté dans ma vie. Je fus près de me jetter à ses pieds, & de lui dire que je l'adorois ; mais le respect que j'avois pour elle m'arrêta : je trouvai que je me rendrois indigne de ses bontés, si j'en abusois au point de lui déclarer une passion qu'elle ne devoit pas écouter.

Je ne sai cependant si j'aurois pu contenir ma joie, si M. de Lancastre n'étoit venu interrompre notre conversation. Mademoiselle de Lascy le reçut avec tant de marques de froideur, que, malgré celle qu'il avoit lui-même pour elle, il en fut blessé. Milord Lascy, à qui il s'en plaignit & dont le caractère étoit dur & impérieux, parla à sa fille en maître qui veut être obéi. Je ne vous demande point, lui dit-il, si vous avez de l'inclination pour le Duc de Lancastre; il lui suffit, aussi-bien qu'à moi, que vous soyez instruite de vos devoirs. Ce devoir demande que vous vous occupiez de lui plaire:

songez-y, & tâchez de mériter l'honneur qu'il veut vous faire.

Mademoiselle de Lascy, jeune & timide, ne répondit à son pere que par des pleurs, qu'il ne daigna pas même remarquer.

Pendant qu'elle étoit dans l'appartement de son pere, j'étois dans le mien occupé de mille réflexions. Je sentois que cette passion que je voulois combattre devenoit tous les jours plus forte ; la disposition vois cru appercevoir dans Mademoiselle de Lascy étoit encore une nouvelle raison pour m'éloigner. Je la rendrois malheureuse, j'empoisonnerois sa vie ; & quelque flatteur, quelque doux que fût pour moi le plaisir de la trouver sensible, je ne devois pas l'acheter aux prix de tout son bonheur. Je résolus de parler à Milord Lafcy, pour le preffer de me mettre à portée de me faire connoître. Quoique je n'euffe aucune efpérance, le deffein de rétablir ma fortune & l'honneur de notre maifon étoit plus vif dans mon cœur ; il me fembloit que je devois à Mademoifelle de Lafcy qu'elle pût du moins fe fouvenir fans honte des bontés qu'elle avoit eues pour moi. J'entrai dans l'appartement de fon pere, dans le moment qu'elle en fortoit : il me conta ce qu'il venoit de lui dire ; elle paroit avoir de l'amitié pour vous, ajouta-t-il, elle écoutera vos confeils. Il ne s'agit pas pour elle du choix d'un mari ; ce choix eft fait & ne peut fe changer. Vous trouverez vous-même dans l'alliance du Duc de Lancaftre des secours pour relever votre maison : il ne voudra pas laisser dans l'obscurité un homme qui lui appartiendra d'aussi près, & pour lequel il a déja de l'estime.

Je ne veux point devoir à cette considération, lui dis-je, Milord, l'amitié du Duc de Lancastre. Daignez vous souvenir des espérances que vous m'avez données, & mettez-moi à portée de mériter son estime & la vôtre. Je vis dans une obscurité dont je suis honteux, & qui n'est pas pardonnable à un homme qui n'a rien à attendre que de son courage. M. de Lascy loua ma résolution, & me proposa de suivre le Duc de Lancastre à la guerre d'Ecosse, où le Roi lui donnoit un corps de troupes à commander.

J'avois de la répugnance à m'attacher au Duc de Lancaſtre, mais j'avois encore plus de deſir de ſortir de mon obſcurité.

J'acceptai le parti que Milord Laſcy me propoſoit. Il me préſenta le même jour au Duc de Lancaſtre, & pour l'obliger à plus d'égards, il lui dit ma véritable condition.

Je ne vis Mademoiſelle de Laſcy que le lendemain ; je la trouvai triſte ; il paroiſſoit à ſes yeux qu'elle avoit pleuré. Elle n'avoit auprès d'elle qu'une femme qui l'avoit élevée, & qui avoit ſur elle l'autorité d'une mere : Venez, me dit cette femme dès que j'entrai, m'aider à conſoler Mademoiſelle, de ce qu'elle ſera la ſeconde Dame d'Angleterre. Je ne me ſoucie point, répondit Mademoiselle de Lascy, de toutes les grandeurs avec le Duc de Lancastre ; on me dit qu'il faudroit l'aimer s'il étoit mon mari, & je ne l'aimerai jamais : mais répondit Madame Ilde (c'est le nom de cette femme) vous n'aviez point autrefois cet éloignement pour lui ; je croyois, dit Mademoiselle de Lascy, que tous les hommes lui ressembloient. J'avois écouté jusques-là sans prendre part à la conversation. Par un sentiment de probité, & un peu aussi pour ne pas me rendre suspect, je voulus dire quelque chose en faveur du Duc de Lancastre; mais Mademoiselle de Lascy m'arrêta au premier mot. Quoi, me dit-elle, vous êtes aussi pour lui ? est-ce que vous voulez que je l'aime ? Ces marques si naturelles de l'inclination que Mademoiselle de Lafcy avoit pour moi, auroient fait tout mon bonheur, si j'avois pu m'y livrer ; mais le plaisir que je sentois étoit empoisonné par l'idée que je la rendrois malheureuse.

Quelques jours avant notre départ, Mademoiselle de Lancastre vint la voir; j'étois dans sa chambre avec quelques personnes : on parla de la guerre d'Ecosse ; Mademoiselle de Lafcy brodoit une écharpe, & paroissoit appliquée à son ouvrage. Vous voilà bien occupée, lui dit Mademoiselle de Lancastre ? je vous demande cette écharpe pour mon frere, elle lui portera bonheur ; mais il faut pour que le charme soit entier, ajouta-t-elle en riant, que vous fassiez aussi des vœux pour lui. Mademoiselle de Lascy, embarrassée, & d'un ton d'enfant, répondit que son ouvrage n'étoit pas achevé ; quelqu'un qui survint fit changer la conversation. J'allai prendre congé de Mademoiselle de Lancaftre la veille de notre départ. Elle me dit beaucoup de choses flatteuses sur la joie qu'elle avoit de me voir attaché au Duc de Lancaftre, & sur la peine que lui faisoit mon éloignement. Il me parut encore qu'elle vouloit que j'en entendisse plus qu'elle ne m'en disoit. Comme je sortois de son appartement, une de ses femmes me donna de sa part une écharpe magnifique, & ajouta que Mademoiselle de Lancaftre remplissoit les conditions qu'elle avoit elle-même imposées pour que ce préfent ne me fût pas inutile. Je me trouvai heureux de ce que la bienféance ne me permettoit pas de la voir. On remercie toujours de mauvaife grace un belle qui vous a fait une galanterie, quand on n'a que du refpect pour elle.

Il falloit auffi que je priffe congé de Mademoifelle de Lafcy : j'aurois dû éviter de la trouver feule, mais l'effort que je me faifois de m'arracher d'auprès d'elle, avoit épuifé ma raifon, & je ne pus me refufer le plaifir de la voir encore une fois fans témoin.

Je vous attendois, me dit-elle auffi-tôt qu'elle me vit. J'ai travaillé toute la nuit pour finir l'écharpe que Mademoifelle de Lancaftre vouloit que je donnaffe à son frere. C'est à vous que je la donne ; aussi-bien ne portera-t-elle pas bonheur au Duc de Lancastre.

Quelle différence de ce présent à celui que je venois de recevoir! avec quelle joie je le reçus! je ne fus pas maître de mon transport, Eh qui auroit pu l'être à ma place? Je me jettai aux genoux de Mademoiselle de Lascy, je lui pris la main que je lui baisai mille fois. Vos bontés, lui dis-je, me rendent le plus malheureux de tous les hommes. La vivacité avec laquelle je lui baisois la main, l'air avec lequel je lui parlois, la fit rougir, sans qu'elle sût pourquoi elle rougissoit : elle me dit encore mille choses que je ne devois qu'à son extrême ignorance ; mais cette ignorance qui m'étoit si favorable, l'empêchoit aussi de m'entendre ; & quoique je ne voulusse pas lui dire que je l'aimois, j'étois pourtant défespéré qu'elle ignorât mes fentimens.

Nous allames joindre l'armée fur les frontieres d'Ecosse, j'eus le bonheur, dès la premiere campagne, de faire une action qui m'attira quelqu'estime, & dans la suite je soutins avec assez d'avantage la réputation que je m'étois acquise : je sauvai la vie à Milord Lascy, & je dégageai presque seul le Duc de Lancastre d'un gros d'ennemis dont il s'étoit laissé envelopper. Le Roi, qui en fut instruit, voulut me voir ; je lui fus présenté. Ce Prince ne se borna pas à donner des éloges stériles à ma valeur, il me confia le commandement d'un poste important : le moment me parut favorable pour me faire connoître sous mon véritable nom ; mais Milord Lascy, à qui je le proposai, me dit que dans le dessein où Edouard étoit de s'allier avec la France, la connoissance de ce que j'avois fait nuiroit plus à ma fortune qu'elle ne l'avanceroit; qu'il falloit attendre quelque circonstance favorable ; que j'avois rendu le nom de Saint-Martin assez recommandable pour que je le pusse porter encore quelque-tems sans impatience. Je me rendis aux raisons de M. de Lascy; nous restâmes plus de deux ans en Ecosse, où le Duc de Lancastre commandoit. Les réflexions, les soins dont j'étois chargé, le desir de la gloire avoient un peu affoibli l'idée de Mademoiselle de Lascy ; je me représentois sans cesse pour affermir ma raison, qu'elle épouseroit le Duc de Lancastre ; que quoique Milord Lascy me dût la vie, il ne renonceroit pas, en ma faveur, à une alliance sur laquelle il avoit des espérances qui remplissoient son ambition ; que Mademoiselle de Lascy étoit si jeune quand je l'avois quittée, qu'elle ne se souviendroit pas même de l'inclination qu'elle m'avoit marquée, ou que si elle s'en souvenoit, ce seroit peut-être pour se la reprocher. Muni de toutes ces réflexions, je pris le chemin de Londres ; mais les premiers regards de Mademoiselle de Lascy me redonnerent tout mon amour; sa beauté, son esprit, & sa raison, avoient acquis alors leur perfection ; ce n'étoit plus cet enfant dont les discours & les actions ne tiroient pas à conséquence. La bienséance la plus scrupuleuse régloit toutes ses démarches ; ces petites libertés, ces préférences flatteuses dont j'avois joui auparavant, me furent retranchées. La douleur que j'en eus me fit sentir combien j'étois amoureux ; je désirois de parler à Mademoiselle de Lascy sans être d'accord avec moi-même de ce que je voulois lui dire. Il me parut qu'elle m'évitoit, & je n'en fus que plus pressé de chercher à la voir. Ce moment, tant désiré, vint enfin ; & bien loin d'en profiter, j'étois embarrassé au point de n'oser jetter sur elle les yeux. Sa contenance n'étoit pas plus assurée que la mienne ; nous restâmes assez long-tems dans le silence. Mademoiselle de Lascy fit un effort pour le rompre. Je vous dois, me dit-elle, Monsieur, la vie de mon pere, & quoique je ne vous en aie pas encore marqué ma reconnoissance, je ne l'ai pas senti moins vivement : elle voulut ensuite m'engager à lui conter le détail de nos campagnes ; je lui en dis quelque chose, & comme elle continuoit de me faire des questions ; mon Dieu, Mademoiselle, lui dis-je, emporté par ma passion, ne m'obligez pas à me souvenir d'un tems que j'ai passé loin de vous, & permettez-moi de vous rappeller celui où vous m'honoriez de quelque bonté.

J'étois si enfant alors, me dit-elle, que je dois au contraire vous prier de l'oublier.

Je ne m'étois jamais permis l'espérance, ou du moins je ne me l'étois jamais avoué ; cependant ce peu de mots qui me la faisoit perdre, me terrassa : nous retombâmes tous deux dans le silence, & mon embarras étoit si fort augmenté, que je fus trop heureux que quelque visites qui arriverent me donnassent occasion de me retirer. Je ne vous dis point tout ce qui se passa en moi. Combien je me reprochois ma foiblesse, & combien j'avois peu de force pour y résister ! Mademoiselle de Lancastre m'auroit dédommagé des froideurs de Mademoiselle de Lascy, si la vanité pouvoit être un dédommagement quand le cœur est véritablement touché. Le peu de réputation que j'avois acquis à la guerre m'avoit donné tant d'importance à ses yeux, qu'elle croyoit sa gloire intéressée à s'assurer ma conquête.

Je sais, me dit-elle aussi-tôt qu'elle me vit, le service que vous avez rendu à mon frere, & je vous suis tout-à-fait obligée de m'avoir contraint à la reconnoissance. Ce sentiment me met à l'aise avec moi-même, & je sens que j'en avois besoin.

Je ne voulois point entendre un discours auquel je n'avois pas même la force de répondre par de simples galanteries; elle m'en tint encore quelqu'autres avec aussi peu de succès. Cette indifférence piqua son amour-propre; plus je devois être honoré

honoré de ses bontés, plus il lui sembloit humiliant pour elle de les voir dédaignées.

La vanité d'être aimé fait faire aux femmes de ce caractere tout ce que l'amour le plus tendre & le plus vrai peut à peine obtenir de celles qui aiment le mieux.

Mademoiselle de Lancastre, après avoir exagéré le peu de cas qu'elle faisoit de la naissance, & combien le courage & la vertu lui paroissoient préférables à cet avantage qu'on ne devoit qu'au hasard, vint jusqu'à me faire entendre qu'elle seroit capable de m'épouser.

La crainte qu'elle ne s'expliquât d'une maniere plus précise, m'engagea à éviter les occasions de la voir en particulier. J'eus lieu de croire, à quelques paroles pleines d'aigreur qui lui échappèrent, qu'elle s'en étoit apperçue , & il me parut qu'elle avoit repris avec moi toute la fierté de son rang.

Cependant le tems du mariage de Mademoiselle de Lascy & du Duc de Lancastre s'approchoit, je ne l'avois vue que rarement , & toujours devant du monde, depuis le jour qu'elle m'avoit parlé.

J'appris un soir en rentrant qu'elle s'étoit trouvée mal , qu'elle avoit de la fièvre , & qu'on l'avoit mise au lit. La fièvre augmenta le lendemain , & on reconnut qu'elle avoit cette maladie contagieuse, si dangereuse pour la vie & si redoutable à la beauté. Milord Lascy qui la craignoit beaucoup, & que sa tendresse pour sa fille ne retenoit point, quitta sa maison , &

défendit à ses gens toute espece de communication avec ceux qu'on laissoit auprès de Mademoiselle de Lascy, & qui étoient en très-petit nombre. Je demeurai dans la maison sous prétexte que j'avois eu cette maladie ; les femmes de Mademoiselle de Lascy qui lui étoient très-attachées, touchées de l'intérêt que je paroissois prendre au mal de leur maitresse, me donnoient la liberté d'entrer dans la chambre ; j'y passois presque les jours & les nuits. Quels jours & quelles nuits ! Les idées les plus funestes se présentoient continuellement à mon esprit. Le peu d'espérance qui me restoit étoit accompagné de tant de craintes, que ce n'étoit presque pas un adoucissement à ma peine ; & quand l'augmentation du mal m'ôtoit cette foible espérance, ma douleur ne connoissoit plus de bornes.

Je ne m'approchois de son lit qu'en tremblant ; elle parloit de moi dans ses rêveries ; elle m'appelloit quelquefois, & quand je me présentois à elle, après m'avoir regardé quelque tems, elle baissoit les yeux & paroissoit plongée dans la plus profonde rêverie. Ces marques de quelques sentimens favorables, tout équivoques qu'elles étoient, me pénétroient & augmentoient mon attendrissement, au point que j'étois obligé de sortir pour cacher des larmes que je ne pouvois plus retenir. Le tems que je passois hors de sa chambre étoit un nouveau supplice ; je m'imaginois à tout moment qu'on venoit me dire qu'elle étoit morte. Le plus petit bruit me faifoit treffaillir, & me donnoit des émotions fi violentes que je ne comprends pas comment je pouvois y réfifter. Son mal augmenta au point qu'il ne refta plus d'efpérance. La connoiffance qu'elle avoit perdue lui revint ; ce fut alors qu'on lui annonça qu'il falloit mourir. Elle reçut cette nouvelle & fe prépara à la mort fans la moindre marque de foibleffe , après avoir prié qu'on la laiffât quelque tems à elle-même ; elle demanda à me parler : je m'approchai de fon lit; j'avois le vifage couvert de larmes, & je pouvois à peine retenir mes cris. Je n'ai point de regret, me dit-elle, à la vie que je vais perdre ; elle devoit être fi malheureufe que la mort eſt un bien pour moi ; ne vous en affligez donc point, je vous en prie , & croyez que ma deſtinée...... une foibleſſe qui lui prit l'empêcha de continuer ; elle fut ſi longue qu'on la crut morte. Mon état n'étoit guères différent du ſien ; mais ma douleur & mon déſeſpoir me donnoient des forces ; je ne pouvois me réſoudre à l'abandonner ; il me ſembloit qu'elle n'étoit pas tout-à-fait perdue pour moi tant que je la verrois encore : je recommençois les mêmes choſes qu'on avoit déja fait tant de fois ſans ſuccès ; enfin j'entendis qu'on propoſoit de l'enſévelir : ce fut alors que je ne connus plus de bornes, ni de bienſéance ; je devins furieux ; non barbare , m'écriai-je ! en la prenant dans mes bras , vous ne la mettrez point dans le tombeau. Je ne fai fi la fecouffe que je lui donnai en la prenant la ranima, ou fi les remèdes commencerent à faire effet, mais je m'apperçus qu'elle refpiroit. Cette efpérance toute foible qu'elle étoit, me fit paffer en un inftant, de l'état le plus affreux, à la joie la plus vive. Ha ! dis-je avec tranfport, elle n'eft point morte ! Grand Dieu ! ajoutai-je, prenez ma vie & confervez la fienne. Ceux qui nous entouroient n'oferent prendre confiance à mes paroles ; ils craignoient que la douleur n'eût troublé ma raifon. Je courus à de nouveaux fecours, & Mademoifelle de Lafcy ouvrit enfin les yeux, & reprit peu-à-peu la connoiffance. Comment vous exprimer ce qui fe passoit alors dans mon ame ! Quels mouvemens confus de plaisir, de douleur, de crainte & d'espérance ! Je fus encore deux jours dans cette situation, & ce ne fut que le troisieme que je commençai à ne plus craindre pour une vie qui m'étoit si chere.

Il y avoit déja plusieurs jours que la fièvre l'avoit quittée, quand elle demanda à me parler. C'est à vos soins, me dit-elle, que je dois la conservation de ma vie : j'attends encore plus de votre générosité. Mon pere, sans égard pour mes prieres & pour mes larmes, veut me forcer d'épouser le Duc de Lancastre ; j'ai pour ce mariage une répugnance que ma raison & même mon honneur autorisent. Le Duc de Lancastre est un barbare qui a fait périr une emme qu'il avoit épousée, ou qui la tient enfermée dans quelque lieu dont il est le maître : c'est de Madame Ilde que j'ai appris ce que je sais là-dessus. Milord Lascy, à qui je l'ai dit peu de jours avant de tomber malade, a feint de n'en rien croire, & n'a répondu à mes prieres & à mes larmes que par un ordre absolu de me préparer à ce funeste mariage ; & sur ce que j'ai osé lui dire, poursuivit-elle, que je renoncerois au monde, il m'a assuré avec le dernier emportement qu'il n'étoit aucun Couvent dont il ne vînt m'arracher. Je ne puis lui obéir, & je sens cependant, malgré mon extrême répugnance, que je n'aurois pas la force de lui résister, La fuite peut seule me sauver d'un engagement pire pour moi que la plus cruelle mort; je veux passer en France pour m'y faire Religieuse : je ne puis & je ne veux confier ce dessein qu'à vous.

Quoi ! Mademoiselle, m'écriai-je, vous voulez vous faire Religieuse ? vous voulez vous ensevelir dans un Cloître ? vous voulez presque renoncer à la vie, & c'est moi que vous choisissez pour seconder ce projet ?

Les peines que je trouverai dans le Cloître, me dit-elle, ne sont pas comparables à celles d'avoir toujours à combattre tous mes sentimens. Je hais le Duc de Lancastre; il faudroit triompher de cette haine : & que sais-je si ce seroit la victoire la plus difficile à obtenir de mon cœur ! Mon pere ne connoît que l'ambition, & me sacrifie à ses vues & à son agrandissement. Non, Mademoiselle, vous ne serez point la victime de l'ambition de Milord Lascy. Le Duc de Lancastre sait qu'il peut sans honte mesurer son épée avec la mienne; j'irai le combattre, & je vous délivrerai de la crainte d'être à lui. Donnez-moi seulement quelques jours pour trouver un prétexte de l'attaquer.

Je ne vous donne pas un moment, me répondit-elle; il faut que vous me promettiez tout-à-l'heure que vous renoncerez à un projet mille fois plus funeste pour moi que celui où vous vouliez mettre obstacle. Que deviendrois-je, grand Dieu! si j'avois votre mort à pleurer. Hélas! vous ne savez pas, m'écriai-je, de combien de malheurs elle me délivreroit. Je ne suis plus maître de vous cacher ma passion, ajoutai-je en me jettant à ses genoux ; je vous adore, & je vous adore depuis le premier moment que je vous ai vue. Tout ce que l'amour sans espérance peut faire éprouver de plus cruel, je l'ai éprouvé : mais tout ce que j'ai senti n'étoit que mes malheurs, je pouvois les supporter ; je ne puis soutenir l'idée des vôtres. La fortune m'a tout ôté, je n'ai que ma vie à vous offrir : souffrez du-moins que je la sacrifie pour assurer votre repos.

Mademoiselle de Lascy pleuroit & ne me répondoit point ; enfin, après quelques momens de silence, l'état où vous me voyez, me dit-elle, ne vous apprend que trop le fond de mon cœur. Je vois que nous sommes tous deux malheureux, & que nous ne pouvons cesser de l'être. Pourquoi n'êtes-vous pas le Comte de Lancastre ? Je n'ai pas la force, ajouta-t-elle, de continuer cette conversation ; je vous y montre trop de foiblesse, & je sens que je ne pourrois vous la cacher. Elle appella ses femmes. Je sortis de sa chambre pour m'aller livrer seul & sans contrainte à tous les sentimens de mon cœur. Quel plaisir, quel ravissement d'être aimé! Je répétai avec transport ce que je venois d'entendre; je voyois encore ses larmes, qui avoient coulé pour moi; mais, après ces premiers mouvemens, ma joie fit place à de tristes réflexions sur l'état de ma fortune. Mille projets se préfenterent à mon efprit ; aucun ne me fatisfaifoit, & je n'en fentois que mieux toute l'étendue de mon malheur. Je paffai plufieurs heures dans cette agitation, réfolu cependant de dire à Mademoifelle de Lafcy ma véritable condition : c'étoit toujours un bien pour moi de ne pas lui paroître fi indigne d'elle. Je vous avoue, me dit-elle, quand je lui en parlai, que je fuis bien aife que vous n'ayez pas contre vous cette chimere de la naiffance, dont les hommes font cependant tant de cas. C'eft une confolation pour moi de tenir du-moins à vous par le lien du fang, mais notre condition n'en eft pas meilleure, & je n'en fuis pas moins expofée à la tyrannie de Milord Lafcy. Je voulois avant que vous connoiffiez mes sentimens avant que de connoître les vôtres, me mettre dans un Couvent. Croyez-vous que je le veuille moins, pour n'être pas au Duc de Lancastre ; conduisez-moi en France ; je me lierai par des vœux, & je vous assurerai du moins que, puisque je ne puis être à vous, je ne serai jamais à personne.

Hé pourquoi, Mademoiselle, m'écriai-je ! ne voulez-vous jamais être à moi ? Puisque vous voulez fuir la tyrannie d'un pere, fuyez-là pour vous donner à un homme qui vous adore. Ma fortune peut changer, & je puis par mon courage vous rendre les avantages que je vous fais perdre. Ne me parlez point, me dit-elle, de ma fortune ; un désert, une cabane me suffiroit avec vous, mais je vous exposerois à toute la fureur de mon pere & du Duc de Lancaſtre ; je ne puis y conſentir. Vous craignez de m'expoſer, répliquai-je, à quelque danger, & vous ne craignez pas de m'ôter la vie ? pourrois-je la conſerver après vous avoir perdue, & croyez-vous que je la conſervaſſe ? Ce péril que vous craignez pour moi m'enhardit, il me ſemble que je vous en mériterai un peu mieux, & à ce prix je ne puis être, à mon gré, expoſé à trop de danger. Mademoiſelle de Laſcy avoit peine à ſe réſoudre ; mais elle m'aimoit, elle voyoit mon amour. Le tems marqué pour ſon mariage approchoit, il falloit renoncer à cette tendreſſe dont nous goûtions la douceur, ou ſe déterminer à m'épouſer & à venir en France. Le parti que l'amour conseilloit fut choisi. Madame Ilde, que nous mîmes dans notre confidence, avoit tant d'horreur pour le Duc de Lancastre, que nous n'eûmes nulle peine à la déterminer à nous suivre. Elle m'aidoit au contraire à vaincre un reste de crainte qui retenoit Mademoiselle de Lascy.

Il fut résolu qu'elle feindroit encore quelque tems encore d'être malade, qu'elle iroit à la campagne sous prétexte de changer d'air, que j'irois l'y joindre, que nous nous épouserions, & que pour ne donner aucun soupçon, je feindrois d'être obligé de passer en France ; que je ne garderois qu'un vieux domestique à moi, dont je connoissois la fidélité, & que ce seroit lui qui seroit chargé du soin de nous trouver un vaisseau prêt à faire voile aussi-tôt que nous serions embarqués.

Toutes ces choses arrêtées, Mademoiselle de Lascy partit, la maison de campagne qu'elle avoit choisie est sur le bord de la mer, & n'est qu'à quelques milles de Londres.

Deux jours après son départ je pris congé de Milord Lascy & du Duc de Lancastre. Je me déguisai, j'allai la même nuit dans un village à quelque distance de la maison où étoit Mademoiselle de Lascy. Elle vint me joindre accompagnée de Madame Ilde. Un prêtre que j'avois amené nous maria sur le champ ; j'étois au comble de mes vœux, je recevois d'une femme que j'adorois, la plus grande marque d'amour que je pouvois recevoir, & pour augmenter mon bonheur je la voyois comblée de joie de ce qu'elle faisoit pour moi. Que de marques de tendresse! que de protestations de me suivre jusqu'au bout du monde s'il eût fallu! Au milieu des transports les plus vifs & les plus tendres, je me reprochois de ne l'aimer pas assez. Ma délicatesse étoit presque blessée que son amour pût égaler le mien. Nous nous séparâmes avec promesse de nous revoir de la même façon, jusqu'à ce que le vent qui nous étoit contraire, nous permît de nous embarquer.

Je restois enfermé toute la journée, presque sans autre inquiétude que celle que me donnoit l'impatience de revoir ma femme. Je la voyois toujours arriver avant l'heure marquée, elle paroissoit souhaiter notre départ. J'appris enfin que le vaisseau qui devoit nous mener en France, partiroit dans trois jours. Comme je craignois que Madame de Saint-Martin ne fût fatiguée par les veilles, & par le chemin qu'elle étoit obligée de faire à pied, je la priai de ne venir que la nuit de notre départ ; j'eus beaucoup de peine à obtenir cette complaisance ; elle ne pouvoit s'arracher de mes bras ; nos embrassemens étoient encore plus tendres qu'à l'ordinaire. Après nous être séparés, elle revint encore plusieurs fois pour m'embrasser, & cette absence qui ne devoit être que de si peu de durée, lui coûtoit des larmes.

Par quel sentiment ne payois-je

pas ces marques de la tendreſſe de ma femme ! Quel amour pouvoit être comparé au mien ! Je paſſai les trois jours à compter preſque les minutes ; le matin du troiſieme j'envoyai celui de mes gens que j'avois gardé pour préparer les choſes néceſſaires à notre fuite. Il devoit revenir m'amener des chevaux un peu avant la nuit. Chaque inſtant ajoutoit à mon impatience ; enfin l'heure , cette heure tant defirée où je devois recevoir ma femme , approchoit. J'entendis monter l'eſcalier, je ne doutai pas que ce ne fût elle ; je courus pour la recevoir. La perſonne que j'avois entendu monter entra dans ma chambre, comme j'allois en ſortir. C'étoit un nommé Jain , qui avoit ſervi Madame de Saint - Martin pendant sa maladie, & pour lequel elle avoit pris tant de confiance, qu'elle avoit voulu l'amener avec elle. Il me dit que Milord Lascy & le Duc de Lancastre étoient venus la voir, qu'il falloit remettre notre départ après leur retour à Londres; il me donna en même-tems une lettre de ma femme. Je la pris avec empressement, & dans le tems que je la lisois, il me perça de plusieurs coups de poignard. Je tombai baigné dans mon sang; je ne sais ce que devint mon assassin, ni le tems que je demeurai sans secours. Mon valet-de-chambre revint avec les chevaux qui devoient m'emmener; la porte de ma chambre étoit fermée; étonné de ce que je ne paroissois point, il la fit enfoncer, & me trouva baigné dans mon sang, sans aucune connoissance. Il ne pouvoit comprendre comment ce malheur étoit arrivé ; mais sans s'amuser à le rechercher, il ne songea qu'à me secourir ; son premier soin, après avoir eu un chirurgien, fut d'engager au secret l'homme chez qui je logeois. (Forville,) c'est le nom de ce valet-de-chambre, comprit que ceux qui m'avoient fait assassiner n'en demeureroient pas-là ; qu'il falloit pour me dérober à leur rage, me faire passer pour mort, supposé que je pusse guérir de mes blessures qui paroissoient presque toutes mortelles. Il dicta à mon hôte les réponses qu'il devoit faire si on venoit s'informer de mes nouvelles. Ces précautions prises, il employa ses soins à me faire donner tous les secours qui m'étoient nécessaires. Je fus plusieurs jours sans me connoître. Enfin la connoissance me revint, & mes premieres pensées furent pour ma femme. Je voulois que Forville allât en apprendre des nouvelles ; mon inquiétude étoit si vive qu'il fut obligé de me satisfaire. Il apprit qu'elle étoit retournée à Londres le même jour que j'avois été assassiné, & ne sut rien de plus. Je fis chercher sa lettre qui ne me donna aucun éclaircissement. Elle me mandoit ce que l'homme qui m'avoit poignardé m'avoit dit, qu'il falloit différer notre départ de quelques jours, que je ne me montrasse point, & que j'attendisse de ses nouvelles. Je demandai si on n'avoit vu personne

personne de sa part; j'appris qu'un homme, que je reconnus pour être mon assassin, s'étoit informé si j'étois mort, & que suivant les ordres de Forville, on avoit assuré que je l'étois. Je me perdois dans mes pensées & dans mes réflexions; je ne pouvois comprendre que ma femme, qui ne pouvoit ignorer mon aventure, ne cherchât point à me donner de ses nouvelles & à avoir des miennes. Je voulus que Forville allât à Londres, qu'il mît tout en usage pour la voir & pour lui parler; quelque peine qu'il eût de me quitter, il fallut céder à mon impatience; il me dit à son retour que Milord Lascy étoit toujours avec sa fille, qu'il avoit cependant trouvé le moyen de lui dire un mot, qu'elle me prioit de ne songer qu'à me guérir, & d'être tranquille sur ce qui la regardoit. Il auroit fallu pour lui obéir être moins amoureux; la seule absence auroit suffi pour m'accabler, & j'y joignois encore la douleur de la savoir exposée à la dureté & aux mauvais traitements de Milord Lascy. Je désirois ma guérison avec ardeur pour voler au secours de ma femme, mais il fallut l'attendre près de six mois. Mes blessures étoient si grandes, que ce ne fut qu'après ce tems-là, que je me sentis assez de force pour me soutenir à cheval.

Forville, qui me voyoit résolu d'aller à Londres, fut obligé de m'avouer ce qu'il m'avoit caché jusques-là. Pardonnez-moi, me dit-il, Monsieur, de vous avoir trompé, il le falloit pour la confervation de votre vie ; vous n'auriez pu apprendre fans mourir, dans l'état où vous étiez, la plus noire des perfidies. Cette femme que vous adorez n'eft digne que de votre haîne & de votre mépris ; elle vous a trompé, trahi, livré à un lâche affaffin, pour n'être point expofée à vos reproches & à votre vengeance.

Ma femme a quelque chofe à redouter de ma vengeance, m'écriai-je ! non, cela n'eft pas poffible ; je douterois de mon cœur avant que de douter du fien. Je l'ai cru fidèle, me répondit Forville, jufqu'au moment où j'ai été témoin moi-même de fon mariage avec le Duc de Lancaftre, & où j'ai su que l'infâme Jain avoit toujours sa confiance.

Je ne puis vous exprimer, continua le Chevalier de Saint-Martin, ce que je sentis dans ce moment; je voulois douter de mon malheur, mais Forville en savoit trop bien les circonstances pour me laisser cette foible consolation. Mon premier dessein fut d'aller poignarder ma femme dans les bras du Duc de Lancastre, & de me poignarder ensuite. Malgré le conseil & le désespoir de Forville, je partis dans cette résolution; j'appris à Londres que cette perfide n'y étoit plus. Le Duc de Lancastre l'avoit menée dans ses terres de la Principauté de Galles.

Enfin, las de la vie, ne pouvant me supporter moi-même, honteux de mes foibleſſes & de mes fureurs, je réſolus d'abandonner pour jamais un pays où tout me faiſoit ſouvenir de mon malheur ; je paſſai en France, & de-là dans la Paleſtine, ſans y trouver le repos que je cherchois : mon amour & ma jalouſie me ſuivoient par-tout ; mon imagination me rappelloit les tems de mon bonheur, ces tems où j'étois aimé, & cette même femme dans les bras d'un autre, cette femme un poignard à la main pour me percer le cœur.

Pourquoi, diſois-je, en vouliez-vous à ma vie ? de quoi ſuis-je coupable, que de vous avoir trop aimée ? J'étois donc pour vous un objet d'horreur ! Hélas ! pourquoi ne l'ai-je pas perdue cette vie, avant que de connoître que vous étiez perfide ? Je ferois mort en vous aimant, & il faut que je vous haïsse.

Je cherchai en vain dans les occasions les plus périlleuses de la guerre, le seul remède à mes maux. J'y acquis quelque gloire dont je n'étois plus touché, & je ne pus y trouver la mort.

Après une année, la même inquiétude me ramena en France; j'appris qu'il y avoit des mouvemens en Ecosse ; je formai aussi-tôt le dessein d'aller offrir mes services au Roi Bruce, qui, comme vous savez, s'étoit retiré avec beaucoup de troupes dans les montagnes. J'espérois dans le cours de cette guerre pouvoir me battre avec le Duc de Lancastre.

Mes services furent acceptés ;

nos succès auxquels j'eus le bonheur d'avoir part, furent rapides. Nous chassâmes les Anglois de tous leurs postes ; mais je n'en voulois qu'au Duc de Lancastre, & il ne paroissoit point. Je voulus du moins me venger sur les terres qui lui appartenoient. J'attaquai la place..... & je l'emportai l'épée à la main.

Vous savez où va la fureur des soldats dans ces occasions. Je parcourois la ville pour empêcher le massacre, quand je vis un homme qui défendoit sa vie contre plusieurs de ces furieux. Il me présenta son épée, & comme il avoit déja reçu plusieurs blessures, je le fis conduire dans ma tente, & j'ordonnai qu'on eût soin de le secourir. Aussi-tôt qu'il fut en état de marcher, il demanda à me voir pour obtenir que je le mîsse à rançon. Notre surprise fut extrême quand nous nous reconnûmes, nous avions fait nos premieres campagnes ensemble sous le Duc de Lancastre, auquel il étoit particulierement attaché.

Ce que je vois est-il possible, me dit-il ? le Chevalier de Saint-Martin dans le parti de nos ennemis ? Vous approuveriez mes raisons, lui dis-je, s'il m'étoit possible de vous les dire. Vous n'en avez pas besoin, me répliqua Cidlé, je sais que vous êtes un homme d'honneur, & cela me suffit : nous avions été amis tout le tems que nous avions fait la guerre ensemble ; nous rappellâmes avec plaisir notre ancienne amitié ; le service que je venois de lui rendre, & la maniere généreuse dont j'en agis avec lui, acheverent de me l'acquérir, & il me protesta mille fois qu'il sacrifieroit volontiers pour mes intérêts la vie que je lui avois conservée.

Ce malheureux amour qui étoit toujours dans le fond de mon cœur, me donnoit une curiosité que je ne pouvois vaincre, & que je ne n'osois satisfaire. Mon trouble m'auroit trahi en prononçant ce nom si odieux, & qui cependant étoit encore cher à mon souvenir. Je faisois à M. Cidlé mille questions dans l'espérance qu'il me parleroit enfin de la seule chose que je voulois savoir. Ce moyen me réussit. Un jour qu'il me rendoit compte de l'état de sa fortune, je dois beaucoup, me dit-il, au Duc de Lancaftre, & j'ai eu pour lui un attachement qui étoit encore fortifié par l'eftime que j'avois pour lui ; mais je vous avoue que cette eftime ne peut s'accorder avec le traitement qu'il fait à la Ducheffe de Lancaftre : elle eft enfermée dans un château ; nulle fociété ne lui eft permife, & ceux qu'on a laiffés auprès d'elle font plus occupés de la tyrannifer que de la fervir, depuis la mort de Milord Lafcy. Le Duc de Lancaftre qui vouloit mettre ce château hors d'infulte, me confia ce foin ; j'y ai été pendant près d'un mois, & malgré la vigilance des gardes de la malheureufe Ducheffe je l'ai vue plufieurs fois, & je ne l'ai jamais vue que baignée de larmes. Des difcours qui lui sont échappés m'ont fait comprendre que la plus sensible de ses peines n'étoit pas celle qui avoit d'abord excité ma pitié ; il m'a paru qu'elle avoit dans l'ame une douleur profonde dont elle étoit uniquement occupée. Sa jeunesse & sa beauté qu'on voyoit encore malgré son extrême abattement, me donnerent tant de compassion, que si elle avoit voulu accepter mes services, il n'est rien que je n'eusse tenté pour la secourir.

Ce que je venois d'entendre, la situation de cette malheureuse femme, me changea en un moment. J'avois voulu vingt fois la poignarder ; je ne pus soutenir, sans un extrême attendrissement, l'idée de l'état où elle étoit réduite. Ses larmes, cette langueur, cette beauté même qu'elle n'avoit plus, la rendoient encore plus touchante pour moi. Je m'étois suffi tant que je n'avois été rempli que de fureur : ce n'étoit plus de même ; j'étois dans les états de tristesse & de douleur, où le cœur a besoin de se répandre, & je ne pus me refuser la consolation de parler. J'étois sûr d'ailleurs de la discrétion de Cidlé : je lui avouai mon amour ; je ne lui cachai pas que j'avois lieu de croire que j'étois aimé ; mais la crainte de rendre odieuse cette personne, dont j'avois été si cruellement trahi, me fit taire le reste de mon aventure. Cidlé m'offrit d'aller dans le lieu où elle étoit gardée : comme j'y ai été long-tems, me dit-il, par l'ordre du Duc de Lancaftre, j'y ferai reçu; je parlerai à la Ducheffe, & je concerterai avec elle les moyens de la tirer d'efclavage.

Je n'en demande pas tant de votre amitié, lui dis-je, mon cher Cidlé; je veux feulement qu'elle fache que je vis, & que vous examiniez avec foin l'impreffion que cette nouvelle fera fur elle. Cidlé partit fous le prétexte d'aller chercher fa rançon, & je reftai dans une confufion de penfées & de fentiments qu'il m'eft impoffible de vous repréfenter. Je me demandois ce que je voulois faire de mon amour pour une femme qui s'en étoit rendue fi indigne. Je fouhaitois qu'elle pût n'être pas fi coupable; &, contre toute forte d'apparence, il y avoit des momens où j'efpérois, & j'en venois enfin à fentir que je ferois heureux fi j'en étois encore aimé : mais, difois-je, n'a-t-elle pas mis entre nous un obftacle invincible ? Cette idée qui ranimoit ma jaloufie me redonnoit prefque toute ma fureur.

Cidlé revint après quelques jours, & m'apporta cette lettre.

„ Je ne me plains plus de ce
„ que j'ai fouffert & de ce que je
„ fouffre, puifque vous vivez; oui,
„ Monfieur, quelque redoutable,
„ quelque terrible que vous dûfſiez
„ être pour moi, votre mort que
„ j'ai cru certaine, étoit le plus
„ fenfible de mes malheurs; elle
„ m'a coûté autant de larmes que

» le souvenir d'une foiblesse qui
» m'a rendue si criminelle ; peut-
» être vous trouveriez-vous vengé
» par mon seul repentir plus cruel-
» lement que vous ne vous ven-
» geriez vous-même ; mais quand
» il seroit possible que je cessasse
» d'être pour vous un objet odieux,
» quand vous pourriez oublier que
» je suis coupable, je m'en sou-
» viendrai toujours ; je n'ose même
» souhaiter de pleurer à vos pieds ;
» je n'ose vous dire que mon cœur
» n'a pas cessé un moment d'être
» à vous ; ce seroit une consolation,
» & je n'en mérite aucune. Adieu
» Monsieur ; est-il possible que je
» m'en sois rendue indigne ? «

Que devins-je à la lecture de cette lettre ! comme l'amour se ralluma dans mon cœur ! la pitié me rendoit encore plus tendre & plus senfible; toutes les offenfes qu'on m'avoit faites s'effacerent de mon fouvenir; je ne fus plus occupé que de ce que ma femme fouffroit ; & fans vouloir examiner quelle feroit fa deftinée & la mienne , je ne fongeai qu'à l'affranchir de la tyrannie du Duc de Lancaftre : mais tous les moyens que j'employai furent inutiles , & la paix qui fe fit peu de tems après entre l'Angleterre & l'Ecoffe , m'ôta l'efpérance que la guerre auroit pu me donner. Je ne pouvois auffi me fervir de Cidlé pour avoir des nouvelles : je ne fais fi le Duc de Lancaftre , qui avoit appris que j'étois dans l'armée d'Ecoffe , avoit craint quelque entreprise de ma part, mais il fit changer de lieu à sa prisonniere; &, pour s'assurer contre moi-même, il engagea le Roi Edouard de me déclarer coupable de lèze-Majesté, pour avoir violé le serment que j'avois fait de le servir, dans le tems qu'il m'avoit confié le Gouvernement d'une place. J'étois désespéré de tous ces obstacles, & je ne savois quel parti prendre, quand la publication du tournoi où tous les Chevaliers devoient être reçus, m'a fait naître l'idée de me battre contre le Duc de Lancastre. Je savois à quoi je m'exposois en violant les loix du tournoi; mais je ne songeois pas à ma vie. J'ai exécuté, comme vous avez vu, mon projet, & fi l'on ne nous avoit féparés, il auroit payé de fa vie les malheurs dont il a rempli la mienne.

ANECDOTES
DE LA COUR
ET
DU RÈGNE
D'ÉDOUARD II,
ROI D'ANGLETERRE.

LIVRE TROISIEME.

Le récit de M. de Saint-Martin fit l'impreſſion la plus forte ſur les Comtes de Gloceſtre & de Cornouaille ; l'humanité ſeule pouvoit exciter en eux les mouvemens les plus vifs ; mais Gaveston peut-être joignit à ce sentiment celui de la haine qu'une sorte de jalousie lui inspiroit contre le Duc de Lancastre. La Reine, soit par égard pour son rang, soit par une suite de sa hauteur, lui donnoit des préférences qui choquoient l'orgueil du Comte. Il sentoit sa supériorité sur Lancastre par son mérite personnel ; ce mérite existoit sans doute ; Gaveston étoit aimable, mais sa vanité lui exagéroit encore les qualités brillantes qui le faisoient remarquer. Il ne pouvoit souffrir de n'être pas, par-tout, l'objet des soins & de l'attention, & de ne l'être pas exclusivement.

C'étoit sur-tout chez la Reine qu'il eût voulu jouir de ce triomphe :

sa vanité l'avoit engagé à chercher à lui plaire; il n'avoit aucun autre sentiment pour elle; vain & léger, il étoit peu susceptible d'un véritable attachement. Autant qu'il pouvoit aimer, il aimoit Mademoiselle de Glocestre, mais il vouloit plaire à la Reine, pour qu'on sût qu'il lui plaisoit. Isabelle, moins capable encore d'aucun sentiment profond & délicat, ne vouloit qu'étendre ses conquêtes. Le Duc de Lancastre, si fort au-dessus du Comte de Cornouaille par son nom & par son rang, lui paroissoit mériter plus d'attention, & sous cet aspect flattoit davantage la vanité de sa coquetterie: Gaveston, qui s'en étoit apperçu, en étoit ulcéré, & fut charmé de trouver l'occasion d'abaisser le Duc, en ne paroissant agir que par les motifs les plus nobles de la justice & de la bonté. Il assure Saint-Martin de sa protection & de son zèle ; il laisse Gloceftre près de lui ; il vole faire les recherches les plus exactes sur cette affreuse aventure ; à force de soins il découvre Madame Ilde : cette malheureuse femme plongée dans la misere, & cachée dans le réduit le plus obscur pour éviter la colere du Duc de Lancaftre, lui apprend que c'est Mademoiselle de Lancaftre qui a causé tous ces crimes & tous ces malheurs, outrée de jalousie de l'amour de Saint-Martin pour Mademoiselle de Lafcy: amour dont elle n'avoit eu d'abord que de légers soupçons, qui ne s'étoient que trop réalisés dans le tems de la maladie de cette infortunée. Elle avoit, à prix d'argent, gagné le perfide Jain: il étoit son espion; c'est de lui qu'elle sut, & la fuite, & le mariage, & le projet d'aller en France. Elle alla tout apprendre à son frere & à Milord Lascy; ce dernier, outré de colere & de désespoir, vouloit dans ses premiers mouvemens aller poignarder sa fille & Saint-Martin: Mademoiselle de Lancastre l'adoucit; sa haine n'eût pas été satisfaite de la mort de sa rivale, elle la réservoit à de plus grands maux. Quant à Saint-Martin, elle prit de sang froid le projet de le faire périr. Après avoir calmé le pere en lui montrant la possibilité de faire revenir sa fille, & de la faire obéir, elle n'eut pas de peine à persuader à Lancastre, que le mieux étoit d'éviter l'éclat ; qu'il falloit, aussitôt que Mademoiselle de Lascy seroit revenue, la forcer à l'épouser ; empêcher sur-tout que rien ne transpirât au-dehors. Après l'avoir épousée, lui dit-elle, vous la traiterez aussi rigoureusement que vous le voudrez : héritiere des Maisons de Lincoln, de Salisbury, ses biens immenses vous dédommageront du malheur d'avoir une femme si méprisable ; pourvu que son deshonneur ne soit pas public, que vous importe ? Le Duc adopta facilement les idées de sa sœur. Il avoit fait subir à sa premiere épouse un sort pareil à celui qu'il destinoit à la seconde ; cette malheureuse femme étoit d'une famille obscure; ses parens étoient morts; l'ayant épousée sans amour, &

uniquement

uniquement pour jouir de ses biens; honteux de cette alliance, il l'avoit tenue captive dans un de ses châteaux, sous prétexte que sa santé lui rendoit nécessaire l'air de la campagne. Les traitemens qu'il lui fit subir sont horribles. A peine eut-elle mis au monde un fils, qu'il la bannit de sa maison, & l'accablant de mépris, il la confina dans la retraite, où elle mourut en peu de tems de langueur & de chagrin. Personne n'avoit soupçonné ces horreurs. Lancastre étoit profondément faux, & cachoit sous les dehors les plus imposans l'ame la plus noire. Le peuple avoit pour lui de la vénération : les Grands estimoient en lui l'homme respecté du peuple. C'étoit de ces réputations qu'il est même dangereux de chercher à examiner : il avoit tout le sang froid qu'il faut pour la soutenir intacte, malgré les crimes secrets & les injustices cachées. Milord Lascy le croyoit l'homme du monde le plus vertueux ; & furieux contre sa fille, trop heureux que Lancastre daignât l'épouser, il étoit bien certain que ce malheureux pere le laisseroit le maître absolu de son sort. Le Duc ne balança donc pas à adopter les idées de sa sœur : ce fut elle qui dicta la conduite de Jain, & qui conduisit le poignard. Elle avoit commencé par s'assurer de Mademoiselle de Lascy ; enlevée & ramenée chez son pere, on l'avoit forcée d'écrire la lettre que Jain porta. Ce scélérat, revenu chez Milord Lascy, assura que Saint-Martin étoit mort ; tout confirma cette nouvelle ; Mademoiselle de Lascy la crut. Comment peindre ses larmes, son désespoir ? Ce n'étoit pas assez de la perte d'un amant, d'un époux chéri ; son pere lui ordonna, malgré ses aveux, d'épouser Lancastre : elle n'y voulut jamais consentir. Un Prêtre eut la bassesse d'entrer dans le plus vil complot, gagné sans doute, ainsi que deux témoins, par les promesses du Duc de Lancastre ; mais tout résolu qu'étoit ce malheureux de se prêter à tout ce qui pourroit servir à cimenter cet odieux lien, il ne pouvoit cependant entendre *oui*, quand Mademoiselle de Lascy disoit *non*, & qu'elle le répétoit à travers les sanglots qui étouffoient sa voix, & avec toute la force que lui laissoit la crainte où la présence d'un pere irrité l'avoit jettée. Aucune autre personne que ce pere, Lancastre, sa sœur, la malheureuse victime & les témoins, n'assista à cet horrible mariage, qui fut célébré dans la chapelle du château. Eperdue & tremblante, Mademoiselle de Lascy traînée à l'autel avec violence, se vit livrée au Duc de Lancastre. Un coup-d'œil foudroyant de son pere, lancé sur elle dans l'instant décisif, la glaça d'effroi & la réduisit au silence. Ce silence fut vîte interprêté ; on le regarda comme un consentement, & malgré ses efforts on joignit leurs mains. Sortie de la chapelle, elle fut vaincre la frayeur qui l'accabloit, pour protester, en présence de tout ce qui l'entouroit, contre un hymen auquel elle n'avoit donné aucun consentement: elle se reprocha comme un crime, & se le reprocha toujours, l'effet de sa terreur & l'instant du silence dont on avoit si cruellement abusé. Le prêtre feignit de croire que toute cette résistance n'étoit qu'une suite de l'embarras que cause la pudeur aux jeunes personnes bien nées dans des circonstances semblables. Les témoins parurent penser de même. Indignée de ces affreux discours; partagée entre le désespoir & la crainte, elle tomba dans un état de convulsion : aussi-tôt qu'elle eut repris l'usage de ses sens, elle jura que jamais elle ne verroit Lancastre comme son époux. Lancastre lui dit d'un ton froid & dur, qu'elle pouvoit être assurée qu'il ne la traiteroit jamais comme sa femme, qu'elle n'en étoit plus digne; mais que, pour sauver l'honneur de sa famille, elle passeroit pour l'être; & dès le lendemain, il ordonna qu'on la menât à ce château qui avoit déja servi de prison à sa premiere femme. Milord Lascy, malgré sa colere, ne put voir sans douleur le sort qu'on préparoit à sa fille : il partit avec elle, & la conduisit dans cet odieux séjour; il plaignit son malheur, & cherchoit les moyens de l'adoucir ; mais à peine quelques mois furent-ils écoulés que ce pere infortuné fut attaqué d'un mal violent, dont il mourut en douze heures. On n'ose, dit Madame Ilde, se livrer aux idées terribles que cet évènement a fait naître. Il est difficile de penser que cette mort ait été naturelle ; quoi qu'il en soit, de ce moment, ajouta-t-elle, je fus traitée avec une dureté sans exemple ; ma malheureuse maitresse fut livrée aux gens du Duc de Lancastre : ce fut sa sœur qui ordonna & dirigea tout. Je fus obligée de chercher un asile contre la colere du frere & de la sœur. Sans secours, sans ressource, je vins me cacher dans ce quartier isolé, où je vis avec peine du produit de mon travail : je n'ai pu rien savoir depuis ce tems, dit-elle à Gaveston ; mais si ma chere maitresse vit encore, elle est bien malheureuse. Le Comte de Cornouaille, instruit de ces faits, amena avec lui Madame Ilde,

& la préfenta à Saint-Martin ; leur entrevue fut touchante ; ils fe rappellerent, en préfence de Gavefton, mille détails intéreffans. Il les recueillit tous, & compofa de toute cette aventure un mémoire frappant ; il préfenta ce mémoire au Roi. Ce jeune Monarque, qui d'ailleurs ne voyoit rien que par les yeux de Gavefton, ordonna auffi-tôt que Madame de Saint-Martin fût rendue à fon époux. La chofe fe paffa avec un éclat terrible pour Lancaftre. Il ne lui fut pas même permis d'expofer fes prétendues raifons ; & ce qu'il y eut d'affreux, c'eft que ce jugement, le plus jufte au fond qu'il fût poffible de prononcer, eut l'air, par la chaleur qu'y mirent le Roi & fon favori, d'un jugement inique. Les Grands en furent révoltés, le regardant comme le fruit indigne du crédit de Gaveston : le peuple en gémit comme d'une injustice atroce contre le plus vertueux des hommes. Ce n'est pas assez de faire le bien, il faut encore le faire avec prudence : mais Gaveston avoit d'autres motifs que ceux de l'équité ; & quoiqu'au fond il fit une action excellente, il ne devoit pas se plaindre de l'opinion du public ; c'étoit par hasard qu'il servoit la vertu : tout ce qui ressent la faveur est suspect. Ce jugement donc, tout juste qu'il étoit, acheva d'aigrir les esprits, & prépara les funestes évènemens qu'on verra dans la suite.

Dès que l'ordre du Roi fut donné, Gaveston fut chercher lui-même

Madame de Saint-Martin, avec une nombreuſe eſcorte, dans le château où elle étoit captive: il la trouva plongée dans l'état le plus affreux. Sa langueur étoit ſi profonde qu'elle n'éprouva aucune émotion à l'arrivée de tous ces gens armés. Le Comte de Cornouaille, s'étant fait ouvrir l'eſpèce de cachot qui lui ſervoit de chambre dans une des tours de ce château, la trouva renverſée ſur ſon lit: on vit quelques alimens auprès d'elle, ſur une table, qui paroiſſoient y être depuis pluſieurs jours, & où elle n'avoit pas touché. Il eut peine à la tirer de l'eſpèce d'inſenſibilité où elle étoit; enfin, lui ayant dit qu'il venoit la chercher par ordre du Roi pour la ramener à ſon époux, elle jetta un cri perçant. Eh! non, Madame, c'eſt à votre cher Saint-Martin. Saint-Martin! ah! dit-elle avec l'affreux ſourire du déſeſpoir, on a découvert qu'il n'étoit pas mort! que lui a-t-on fait? il n'eſt plus? Non, Madame, il reſpire, il vous aime; vous lui êtes rendue, vos liens affreux avec Lancaſtre ſont rompus. — Eſt-il poſſible? n'eſt-ce pas un ſonge? Non, Madame, venez, arrachez-vous de cet affreux ſéjour, & retournez avec un époux qui vous adore. Elle ſe leva avec précipitation, mais, quand elle eut fait deux pas, elle tomba dans un évanouiſſement profond: les ſecours lui furent prodigués. A peine revenue de cet état, on la fit partir: l'eſcorte étoit magnifique & nombreuſe;

elle arriva dans Londres comme en triomphe. Gaveston la conduisit chez lui avec le plus grand appareil. Elle trouva son époux couché dans son lit ; elle courut à lui : il lui tendit les bras, sans pouvoir prononcer un seul mot. Les mouvemens qu'il éprouva dans cet instant furent si vifs, que la plaie qu'il avoit à la poitrine se r'ouvrit : son sang couloit avec la plus grande abondance. Les Chirurgiens appellés banderent cette plaie, mais ils ne purent empêcher les suites de ce funeste accident. L'infortunée Madame de Saint-Martin à peine avoit joui du bonheur si grand de revoir un époux adoré, que, couverte de son sang, elle eut à trembler pour sa vie. Ce spectacle affreux, loin de l'abattre dans l'état de foibleſſe où elle étoit elle-même, redoubla ſes forces ; elle aida aux Chirurgiens, elle veilla à tout ; mais à peine ſon cher Saint-Martin fut-il ſecouru, qu'elle tomba dans une ſorte de léthargie ; état heureux, ſans doute, puiſqu'il la préſerva de plus grands maux. Saint-Martin expira le lendemain, en rendant grace à Gaveſton, & en lui recommandant ſa malheureuſe épouſe. Le Comte de Cornouaille avoit de l'ame & de la nobleſſe ; il ſe regarda dès ce moment comme le protecteur unique de Madame de Saint-Martin ; & pour la ſervir comme elle méritoit de l'être, il ſongea d'abord à lui procurer un aſyle décent : il ſentit qu'il ne convenoit pas qu'elle reſtât chez lui après la mort de son mari. Gloceftre, auquel il confia ses scrupules, forma à l'inftant le projet de propofer à Madame de Surrey de recevoir chez elle la trop infortunée Madame de Saint-Martin. Gavefton faifit avec ardeur cette idée. Mademoifelle de Gloceftre, dit-il, fera fon amie, fa confolatrice; elle ne fera point malheureufe. Gloceftre eut à peine fait cette propofition à fa tante qu'elle l'accepta. Madame de Surrey avoit le cœur bon & compatiffant; mais Mademoifelle de Gloceftre, qui joignoit à ces excellentes qualités une délicateffe, une fineffe de fentiment extrême, ne vit pas de bonheur plus grand que celui de voler au fecours de Madame de Saint-Martin. Elle communique son empreſſement à sa tante : toutes deux partent à l'inſtant, & vont chez le Comte de Cornouaille, y chercher la femme la plus malheureuſe qui fût au monde : elles la trouverent dans un affaiſſement ſi affreux, qu'on craignit qu'elle n'expirât pendant le tranſport. Cependant les apprêts des funérailles de ſon mari ; dont elle ignoroit la mort, la crainte de quelques-unes de ces indiſcrétions ſi terribles & ſi ordinaires dans ces cruels inſtans, firent prendre le parti de l'arracher de cette maiſon. On l'habilla, on la tranſporta chez Madame de Surrey ſans qu'elle s'en fut preſque apperçue. Auſſi-tôt arrivée, on la mit au lit; & Mademoiſelle de Gloceſtre prit à son chevet une place qu'elle ne quitta plus.

Le Comte de Cornouaille fit faire les obsèques de l'infortuné Saint-Martin (dont alors on dit le véritable nom) avec la plus grande pompe. Sa malheureuse épouse, après une espèce de léthargie de plusieurs heures, reprit un peu de connoissance ; & se trouvant dans une maison étrangere, entourée d'étrangers, dans un état affreux de foiblesse & d'effroi, elle ne pouvoit ni n'osoit faire aucune question. Madame Ilde lui apprit dans quel lieu elle étoit & qui ét oient les Dames qui la soignoient. Elle les regarda avec des yeux remplis de tendresse & de terreur. Mademoiselle de Glocestre redoubla de soins & d'attentions, Madame de Surrey la combla de caresses. Cette Dame veilloit à lui procurer tous les secours possibles, tandis que son excellente nièce, pleurant auprès d'elle, sembloit ressentir ses propres douleurs. Aussitôt que l'infortunée Madame de Saint-Martin put proférer quelques mots, elle prononça celui de son époux, en regardant autour d'elle, & sur-tout dans les yeux de Mademoiselle de Gloceftre, avec une curiosité mêlée d'horreur.

Celle-ci, sans lui dire un seul mot, lui prit la main, la serra entre les siennes, & arrosa cette main de ses larmes. Madame de Saint-Martin poussa un cri perçant, & retomba dans l'état le plus violent : on crut qu'elle expireroit ; les secours furent redoublés ; elle revint encore cette fois & parut plus calme : elle demanda Gaveston ; il parut. C'est donc là, lui dit-elle, en lui tendant la main, le fruit de tous vos soins ? Il n'est plus, il n'est plus ! & la joie de me revoir a causé sa mort !..... Malheureuse que je suis ! Eh ! que ne me laissoit-on dans ce cachot..... il vivroit encore !..... Pardonnez, pardonnez, Monsieur, dit-elle au Comte de Cornouaille ; hélas ! l'excès du malheur aigrit l'ame & peut quelquefois rendre ingrat : je ne le suis pourtant pas, ajouta-t-elle en soupirant ; non, Monsieur, je ne le suis pas. Calmez-vous, Madame, lui dit Gaveston, & soyez sûre que vous êtes entourée d'amis auxquels vous êtes bien chere. Les premiers jours se passerent dans les conversations les plus tendres entre Mademoiselle de Gloceftre & cette infortunée ; mais, malgré tous les soins, sa santé devenoit de moment en moment plus déplorable ; des évanouissemens succédoient sans cesse aux douleurs les plus aiguës; elle ne pouvoit prendre absolument aucune nourriture ; & Mademoiselle de Gloceftre, qui avoit pris pour elle l'attachement le plus vif, voyoit avec douleur la fin prochaine de sa trop sensible & trop malheureuse amie. C'étoit dans les légers intervalles de ses douleurs que ces deux amies parloient ensemble, & se communiquoient leurs sentimens. Madame de Saint-Martin revenoit souvent à déplorer les malheurs que caufoit l'amour aux ames fenfibles; elle fe rappelloit les progrès de celui qu'elle avoit fenti; elle fembloit prévoir, dit-elle, dès les premiers tems, les maux qu'il occafionneroit; elle l'avoit combattu de toutes fes forces, mais vainement : c'eft la vivacité de celui de fon amant qui l'avoit vaincue. Ces difcours, fouvent répétés par Madame de Saint-Martin, faifoient fur Mademoifelle de Gloceftre une impreffion dont, malgré tous fes maux, cette Dame s'apperçut. Un jour qu'elle la vit plus agitée qu'à l'ordinaire : aimeriez-vous, ma chere amie, lui dit-elle, & feriez-vous malheureufe? Ah! je croyois ne plus avoir de chagrins à redouter, & je fens que celui-là me feroit affreux. Parlez, & ne me laissez pas mourir en emportant cette inquiétude. Mademoiselle de Gloceftre, touchée jusqu'au fond du cœur de la beauté de l'ame de Madame de Saint-Martin, qui, plongée dans des malheurs dont l'imagination s'effraye, s'occupoit encore des siens. Trop digne amie, lui dit-elle, votre intérêt pour moi est si touchant, que je vous prouverai combien j'y suis sensible, en vous montrant mon ame toute entiere. Alors elle lui peignit, sans aucun déguisement, son amour pour Gaveston, ses craintes, ses soupçons, & tout ce qui causoit les agitations extrêmes de son cœur. Madame de Saint-Martin avoit de si grandes obligations au Comte de Cornouaille ; il s'étoit montré pour elle si grand & si généreux, qu'elle ne voyoit en lui qu'un héros : c'est ainsi qu'elle s'en exprimoit avec son amie ; elle n'envisageoit ses galanteries pour la Reine que comme de simples politesses d'usage dans les Cours, & elle mit tout en œuvre pour inspirer les mêmes idées à Mademoiselle de Glocestre. Trop de délicatesse, lui disoit-elle, est nuisible, même en amour ; elle fait souvent naître la jalousie, qui est le plus terrible des maux, & pour celui qui l'éprouve, & pour celui qui en est l'objet. Estimer ce qu'on aime est le premier devoir. Les jeunes hommes, sur-tout ceux qui vivent à la Cour, sont obligés à ces sortes de galanteries : ils peuvent aimer exclusivement, mais leurs égards ne doivent jamais être exclusifs. Vous connoissez cette Cour, & les goûts de la Reine ; Gaveston a dû s'y soumettre. Auriez-vous l'injustice de vouloir lui attirer ses mépris & peut-être sa haine ? Mademoiselle de Gloceftre auroit pu répondre ; elle sentoit bien qu'elle auroit eu beaucoup à dire, mais elle aimoit, & elle étoit charmée de trouver des raisons de justifier son amant: elle parut donc céder à celles de Madame de Saint-Martin. Gaveston venoit très-souvent la voir. Elle voulut un jour l'entretenir seule, sous le prétexte de ses affaires : elle lui vanta le mérite extrême de Mademoiselle de Gloceftre, & lui dit qu'un des plus grands services qu'il lui eût rendus, avoit été de lui faire connoître cette charmante personne. Gaveston parla d'elle avec l'enthousiasme d'un amant. Madame de Saint-Martin, malgré ses précautions, lui fit naître l'idée des soupçons de Mademoiselle de Gloceftre, & lui conseilla de ne plus s'expofer à lui en donner de femblables. Gavefton s'obferva davantage : il apprit d'ailleurs que la Reine protégeoit ouvertement M. de Lancaftre, dont les bleffures étoient guéries : il fut que ce Seigneur, depuis fa guérifon, avoit été plufieurs fois admis à fa Cour, avec une diftinction marquée, & que Mortimer blâmoit hautement la conduite du Roi & celle de fon favori dans cette grande affaire. Gavefton, qui vit bien que Mortimer l'emportoit fur lui auprès de cette Princeffe, ulcéré des difcours qu'elle avoit tenus à fon fujet, &

réellement

réellement amoureux de Mademoiselle de Gloceftre, faifit un moment favorable, en préfence de Madame de Saint-Martin, pour s'excufer des aventures du tournois. Un amant très-aimable & très aimé, eft prefque toujours sûr d'obtenir fon pardon : il l'obtint. Madame d'Herefort, fœur de Mademoifelle de Gloceftre, n'aimoit point Gaveston ; fa hauteur & fa légereté lui déplaifoient : d'ailleurs elle n'eût pas vu fans douleur une alliance qu'elle jugeoit indigne de la grandeur de fa Maifon ; & de plus, elle chériffoit les vertus du Comte de Pembrock, qui n'avoit jamais confié qu'à elle l'excès de fa tendreffe pour Mademoifelle de Gloceftre. Ce jeune & vertueux Seigneur brûloit

K

pour elle de la passion la plus vive & la plus pure. Madame d'Herefort connoissoit l'ame & les sentimens de l'amant le plus délicat qui fut jamais : elle desiroit ardemment le bonheur de sa sœur ; il n'étoit donc pas possible qu'elle vît sans amertume a préférence qu'elle donnoit à Gaveston. Après lui avoir fait sentir, avec les ménagemens les plus adroits, ce qu'elle pensoit à ce sujet, & n'espérant plus de réussir auprès d'elle, elle tâcha de faire envisager les choses à sa tante sous le même aspect qu'elle les voyoit. Madame de Surrey, quoique touchée de la faveur dont jouissoit Gaveston, trouvoit cependant cette alliance très-inférieure : d'ailleurs la fortune de ce favori, toute brillante qu'elle étoit, n'avoit rien de solide ni d'assuré.

M. le Comte de Pembrock étoit bien préférable à tous égards ; il aimoit toujours éperduement Mamoiselle de Glocestre ; Madame d'Herefort en étoit bien sûre : & s'il ne parloit plus, c'étoit par un excès d'amour & de respect. Madame de Surrey réfléchissant à toutes ces choses, fit passer les mêmes idées dans l'esprit des parents de Mademoiselle de Glocestre. Toute la famille, excepté le frere, étoit résolue à refuser l'alliance de Gaveston, & Gaveston étoit plus aimé de Mademoiselle de Glocestre qu'il ne l'avoit jamais été. Ce qu'il avoit fait pour Madame de Saint-Martin, ses soins pour elle, la vive reconnoissance de cette infortunée, ajoutoient encore un nouveau lustre aux qualités brillantes qu'elle adoroit en lui. Plus aſſidu près d'elle, faiſant éclater ſon amour, ne partageant plus ſes ſoins, il n'avoit jamais paru plus aimable. Elle apprit avec douleur les intentions de ſa famille : ce fut dans un entretien avec ſa tante qu'elle démêla ſes ſentimens. Une paſſion vive donne beaucoup de pénétration; Madame de Surrey croyoit n'avoir preſque rien dit, & Mademoiſelle de Gloceſtre ſavoit tout; elle en fut accablée. Madame de Saint-Martin s'apperçut de ſon trouble & de ſa douleur; elle en voulut ſavoir la cauſe. Son amie lui confia tout ce qu'elle venoit d'apprendre. Raſſurez-vous, lui dit cette tendre amie, je ſais un moyen de vous rendre heureuſe,

& je l'emploierai ; tâchez seulement, & en peu de jours, de rassembler ici vos parens & M. le Comte de Cornouaille. Mademoiselle de Gloceftre, qui ne pouvoit deviner ni prévoir le projet de Madame de Saint-Martin, voulut le combattre. Que voulez-vous faire, lui dit-elle, dans l'état déplorable de foibleffe où vous êtes ? Une telle fcène peut vous caufer les plus grands maux. C'eft précifément cette extrême foibleffe, reprit la malade, qui rend la chofe très-preffante : de grace ne me refufez pas cette confolation. Madame de Saint-Martin, tourmentée de cette idée, preffa tant Mademoifelle de Gloceftre, que forcée de céder à fes inftances, elle trouva le moyen de raffembler auprès de son lit toute sa famille, & M. de Cornouaille. Alors cette Dame rassemblant ses forces, leur parla ainsi :

Je n'ai plus qu'un instant à vivre : il ne me reste qu'un vœu à former, c'est de vous voir unie avec le Comte de Cornouaille, dit-elle à Mademoiselle de Glocestre ; ses qualités héroïques lui doivent, à vos yeux, tenir lieu d'ancêtres : je sais qu'il vous adore ; il me l'a avoué : je me suis apperçue que vous ne dédaignez pas son amour ; je mourrois sans regrets si, avant que d'expirer, je voyois unies & heureuses les deux personnes du monde qui me sont les plus cheres. Dans cet instant, Madame d'Herefort & Madame de Surrey, se regardant avec étonnement, marquerent leur surprise. Madame de Saint-Martin, qu'elles avoient interrompue, recommença le même discours, & finit par prier Gaveston & Mademoiselle de Glocestre d'accepter la donation de tous ses biens. Cette sensible & généreuse personne, fondant en larmes, refusa de recevoir ses offres. Eh quoi, dit la mourante, m'ôterez-vous le dernier plaisir & le seul bonheur que j'aie eu dans ma vie ? Je n'ai plus de parens ; ceux qui me restent au moins sont très-éloignés & ne tiennent plus à moi ; ils m'ont indignement abandonnée : c'est au Comte de Cornouaille que je dois le seul instant de joie dont j'ai joui depuis que je respire : je l'ai payé bien cher cet instant ! Vos

K 4

soins, ma chere & tendre confolatrice, me font defcendre avec moins d'amertume au tombeau..... Daignez, daignez accepter les biens que je poffede; jouiffez-en tous deux, & que mon fouvenir vous occupe quelquefois. Les momens font précieux, ajouta-t-elle, ne pourrai-je voir, avant que de mourir, former ces nœuds fi defirés ? Gavefton, fe jettant à genoux près de fon lit, regardoit avec le plus grand attendriffement & Madame de Saint-Martin & Mademoifelle de Gloceftre. Celle-ci, baignée de fes larmes, ne répondit que par des fanglots. Gloceftre prit la parole. Vos vœux feront remplis, Madame, s'écria-t-il ; je cours demander au Roi fon confentement. Madame d'Herefort & les autres parens, étonnés & interdits, laissent partir le jeune Gloceſtre. Il vole vers Edouard. A peine eut-il demandé ce conſentement, que le Roi l'accorda avec un tranſport de joie inexprimable. L'idée de la diſtance que la naiſſance de Gaveſton mettoit entre lui & Mademoiſelle de Gloceſtre, ſa propre nièce, ne lui vint pas même dans l'eſprit. Gloceſtre accourt avec l'ordre du Roi; car c'étoit plus qu'un conſentement. Les parens de Mademoiſelle de Gloceſtre, frappés de la grandeur de la fortune que Madame de Saint-Martin laiſſoit en faveur de ce mariage, n'ayant plus d'objections à faire à Gaveſton de ce côté-là, & d'ailleurs ſubjugués par la volonté du Roi, ne réſiſterent point. Le Comte de Pembrock, qui tenoit scrupuleusement à Mademoiselle de Gloceftre la parole qu'il lui avoit donnée de ne plus la fatiguer d'un amour importun, mais qui étoit toujours pénétré pour elle des sentimens les plus tendres & les plus passionnés, courut chez Madame d'Herefort à la premiere nouvelle de ce prochain mariage. Madame d'Herefort connoissoit l'excès de sa tendresse, & auroit desiré de pouvoir la favoriser. Croyez-vous, lui dit-il, qu'elle puisse être heureuse avec Gaveston? Hélas! non, lui répondit-elle, ce sont deux caracteres trop mal assortis; mais elle l'aime. Il suffit, dit en soupirant M. de Pembrock; le premier des biens est de s'unir à l'objet aimé : mon arrêt est prononcé, j'y souscris. Si j'avois pu espérer lui plaire quelque jour, aucun ordre ne m'eût effrayé ; j'aurois su tout faire révoquer, & l'obtenir : mais son cœur s'est déclaré ; c'est le premier & le véritable droit de Gaveston : ce droit est sacré, je le respecte. Puisse-t-elle n'avoir jamais à se repentir d'un tel choix ! je le desire, oui, je le desire ardemment. Il quitta alors Madame d'Herefort les yeux pleins de larmes & le désespoir dans le cœur, & partit pour ses terres le même jour. Les préparatifs du mariage furent commandés aussi-tôt que le consentement du Roi fut donné, & trois jours après, Mademoiselle de Gloceftre devint l'épouse de Gaveston. Madame de Saint-Martin, par un dernier effort de son amitié, se fit transporter à l'Eglise, pour être témoin de ces nœuds qu'elle avoit en quelque sorte formés. Son état jetta un nuage triste sur cette pompe nuptiale; Gaveston parut le plus heureux des hommes; Mademoiselle de Glocestre éprouva tout ce qu'un cœur comme le sien devoit sentir en se donnant à l'homme qu'elle adoroit depuis si longtems. Mais le spectacle affreux des douleurs d'une amie si tendre, sa mort qu'elle envisageoit comme prochaine, altéroient tout le charme de ces premiers momens; son ame étoit livrée aux sentimens les plus tendres, & aux secousses les plus vives; elle ne put jouir, même dans ces jours qui devoient être délicieux, d'un seul instant de bonheur. Trop allarmée sur le danger si évident de cette amie mourante, elle se livra toute entiere aux soins de prolonger sa vie, & laissa son époux s'occuper des soins plus agréables de manifester sa joie. Malgré les vœux & les efforts de l'amitié, l'infortunée Madame de Saint-Martin succomba enfin sous le poids de ses maux ; elle mourut peu de tems après ce mariage, laissant ses immenses possessions aux deux nouveaux époux, après leur avoir recommandé la fidèle Madame Ilde, que Madame de Cornouaille garda toujours auprès d'elle, & qu'elle combla de bienfaits.

Gaveston, aussi-tôt après la mort de Madame de Saint-Martin, se voulut mettre en poffeffion de fes terres. Les héritiers de cette Dame, qui réuniffoit les biens des maifons de Lincoln & de Salisbury, furieux de fe voir ainfi ravir par un étranger une fortune immenfe, réfolurent de mettre tout en œuvre pour l'empêcher d'en jouir ; mais il avoit & toute la faveur du Roi, & tout le pouvoir que donne cette faveur : il en fit ufage avec une imprudence incroyable ; loin de vouloir s'expliquer avec eux, de chercher à adoucir leur perte par des manieres honnêtes, & de légers facrifices, il les menaça de fa vengeance, s'ils faifoient contre lui les moindres mouvemens. Madame de Cornouaille auroit bien defiré qu'il en agît autrement ; elle le preffa en vain de mettre plus de douceur dans ses procédés : il la pria de ne se point tourmenter de cette affaire, & de le laisser agir comme il pensoit le devoir faire. Elle fut un peu blessée du peu d'ascendant qu'elle avoit sur lui dans une circonstance si importante : mais son amour extrême lui fit trouver dans son cœur des raisons de justifier son époux. Elle ne lui parla plus de cette affaire : les héritiers de Madame de Saint-Martin, poussés à bout par les hauteurs de M. de Cornouaille, se liguerent contre lui avec le Duc de Lancastre. La Reine n'avoit plus pour le favori de son mari, d'autre sentiment que celui de la haîne, depuis, surtout, qu'il avoit laissé éclater son amour pour Mademoiselle de Glocestre, & qu'elle ne pouvoit se dissimuler que la passion qu'il avoit feint d'avoir pour elle, n'étoit qu'un jeu : il avoit eu l'imprudence de le dire assez haut, soit par l'envie de paroître plus attaché à Mademoiselle de Gloceftre, & d'avoir l'air de faire de grands sacrifices à ses charmes, soit, ce qui est plus vraisemblable & plus conforme à son caractere, uniquement pour contenter sa vanité. Il se vantoit que ses vœux n'avoient pas été mal reçus. Mille traits ironiques sur la liaison de cette princesse avec Mortimer, sur le bonheur de celui-ci de rester vainqueur par sa désertion volontaire, désertion qu'un amour plus vrai l'avoit, disoit-il, forcé de faire ; des parallèles sans fin de la beauté, des graces & des vertus de Mademoiselle de Glocestre, avec la figure, la conduite & les mœurs de la Reine; enfin tout ce qui peut piquer une femme sur les points les plus délicats, avoit été prodigué par lui contre la Reine avec une indiscrétion incroyable. Ses ennemis, & il en avoit beaucoup, ne laisserent pas échapper cette occasion de le perdre dans l'esprit d'Isabelle: il ne fut pas difficile de la persuader: elle aimoit alors Mortimer, & Mortimer haïssoit depuis long-tems Gaveston. La Reine & lui se réunirent à ses ennemis. Mademoiselle de Lancastre, toujours terrible dans ses vengeances, qu'elle poursuivoit même après la mort de Madame de Saint-Martin, étoit encore la plus furieuse. Un jour que le Roi, entouré de sa Cour & des principaux Seigneurs du Royaume, mangeoit en public, dans la grande salle de Westminster, une femme masquée vint lui présenter une lettre. Edouard eut l'imprudence de la faire lire tout haut, ignorant apparemment ce qu'elle contenoit. On lui reprochoit, dans cette lettre, avec la plus grande amertume, tous les abus de son règne, sa lâcheté, sa tyrannie, & sur-tout son attachement pour Gaveston, qu'on nommoit l'ennemi de la Nation, & l'auteur de tous les crimes & de tous les malheurs. Cette lettre étoit si fortement écrite; les maux actuels y étoient peints avec tant de force; l'inimitié pour le favori étoit poussée à un si haut point, par l'abus qu'il avoit fait de la faveur du Roi, par sa hauteur & son imprudence, que loin qu'aucun cri s'élevât pour lui dans cette Assemblée, où la présence du Monarque devoit, à ce qu'il semble, produire cet effet, un silence morne, un murmure sourd, furent tout ce que cette lettre opéra. La Dame masquée retourna aussi tranquillement qu'elle étoit venue. Cette Dame n'étoit autre que Mademoiselle de Lancastre. Mortimer, favori de la Reine, & mortel ennemi de Gaveston, se mit à la tête du parti qui vouloit le perdre. Le Duc de Lancastre, respecté du peuple par les dehors de sainteté qu'il affectoit, regardé comme une victime du pouvoir de Gaveston, qui ne lui avoit, disoit-on, enlevé sa femme que pour se faire donner par elle des biens immenses ; Lancastre , dis-je , étoit de tous ses ennemis le plus dangereux. Malgré la prétendue auſtérité de ſes mœurs , il devint un des courtiſans de la Reine : elle le haïſſoit , mais l'envie de ſubjuguer Gaveſton lui fit oublier tout autre ſentiment ; tout ce qui étoit ennemi du favori du Roi , devenoit, à ce ſeul titre , l'ami de la Reine.

Gaveſton , loin de chercher à regagner les eſprits, affectoit une hauteur, un luxe & une inſolence révoltante. Sa tendre & ſenſible épouſe , d'abord toute occupée de ſon amour & de ſes regrets pour ſon amie , concentrée dans les ſentimens qui occupoient toutes les facultés de ſon ame, n'avoit pas porté plus loin ſes regards :

revenue un peu de ce premier étourdissement, elle ne se plaignoit que des distractions continuelles qui lui enlevoient son mari : elle vit ensuite, avec douleur, qu'il n'avoit pas en elle la confiance qu'elle avoit espérée, & dont elle sentoit qu'elle étoit digne ; elle en fut affligée, & ne s'en plaignit pas. Elle ne confia rien de ses chagrins secrets à personne, pas même à Madame de Surrey. Peu-à-peu elle apperçut de la froideur dans les soins de son mari ; elle eut même lieu de penser que le mariage ne lui avoit point fait perdre ses anciens goûts pour la galanterie : son cœur étoit ulcéré : mais son maintien toujours le même, sa bonté, son égalité, sa douceur, & ses égards, ne s'étant jamais démentis, on croyoit qu'elle ne voyoit rien, qu'elle ne s'appercevoit de rien; & beaucoup de gens penſoient que c'étoit elle qui avoit introduit le grand luxe qui régnoit dans ſa Maiſon.

Cependant la Reine, qui, ſous prétexte des fêtes & des plaiſirs dont elle embelliſſoit ſa Cour, raſſembloit autour d'elle tous les mécontens, & trouvoit le moyen de les entretenir, ces jours-là, avec plus de liberté, fit annoncer un bal maſqué. Toute la Cour s'y rendit. Gaveſton, piqué au vif contre la Reine, d'après les rapports qu'on lui avoit faits, parut à ce bal : il y vint ſous le déguiſement qu'il crut le plus propre à le bien cacher : il s'approcha de cette Princeſſe, qui n'étoit point masquée ; il lui tint d'abord des propos vagues de galanterie ; elle y répondit avec enjouement : il continua, & en vint à embarrasser la Reine. Il vanta le bonheur de quelqu'un qu'il ne nomma point, mais il fit bien entendre que c'étoit Mortimer. Elle examina alors plus attentivement ce masque : il n'étoit pas si bien déguisé qu'elle ne le reconnût aussi-tôt qu'elle en voulut prendre le soin. Dès qu'il fut animé par la conversation, le son de sa voix seul l'auroit trahi, tant sa légéreté l'empêchoit de mettre à rien la moindre prudence. Elle feignit de ne le pas connoître : il crut pouvoir se livrer à son ressentiment, & continuer sur le ton le plus ironique à vanter ses charmes, ses talens, & ses graces. En vérité, beau masque, lui dit-elle, vous êtes si galant, que je regrette de ne vous avoir pas eu pour défenseur dans les tournois. Les Beautés françoises ne pouvoient avoir un Chevalier plus digne d'elles : c'est dommage que vous ne vous soyez point présenté alors ; vous eussiez eu plus de succès encore que celui auquel nos intérêts étoient confiés. Gaveston vous eût cédé son rôle, tout brillant qu'il étoit : il a cependant, pour plaire, des avantages bien rares, de ces avantages auxquels on ne résiste point. Mademoiselle de Gloceftre doit en convenir : il n'est pas commun de trouver des amants qui sachent si à-propos employer de si grands moyens. Qu'il est redoutable cet amant-là ? La Reine sourioit malignement

gnement en difant ces derniers mots. Gavefton, oubliant qu'il étoit fous le mafque, lui demanda avec chaleur de quels moyens elle entendoit parler. Quoi donc, dit-elle, fe faire donner des Provinces entières par une femme qu'on enleve à force ouverte à fon mari ; venir enfuite, armé d'un ordre du Roi, époufer une fille du plus haut rang, & réduire fa famille au filence fur une alliance fi difproportionnée, & vous n'appellez pas cela de grands moyens ? Oh ! je vous le répète, on ne peut y réfifter. Mais je ne fais s'ils font auffi nobles qu'ils font puiffans. Gavefton, outré de colere, ne lui répondit que par des railleries fanglantes fur fa conduite : il lui rappella, du ton le plus ironique, de certaines petites anecdotes.

du tems de leur liaison, & finit, après les traits les plus piquans, par lui faire entendre qu'il étoit plus aisé d'être le défenseur de la beauté des Dames françoises, que d'être persuadé de leur vertu. La Reine, outrée à son tour, ne garda plus de mesure : elle se leva, le nomma par son nom, en le montrant du doigt & le traitant d'impudent ; & dit que si le Roi ne lui faisoit justice, en la vengeant de son insolence, elle sauroit bien l'y forcer. Le bal fut interrompu. La Reine, furieuse & menaçante, quitta l'assemblée. Le Roi voulut en vain l'adoucir. Gaveston n'étoit pas de caractere à garder plus de ménagemens : outré de colere, sûr de l'amitié, ou plutôt de la foiblesse de son maître, qui se rangea de son parti, il ôta son masque, & tint alors les propos les plus insultans sur le compte de la Reine. Malgré les efforts du Roi pour l'engager à se contenir : cette scène fit l'éclat le plus scandaleux. Les Seigneurs & les Barons prirent tous d'abord & ouvertement, le parti d'Isabelle. Leur prétexte fut le respect violé, par Gaveston, pour la Majesté Royale dans la personne de la Reine insultée. Mais le vrai motif de leur révolte ne fut autre que leur mépris pour la foiblesse du Roi, & leur haine invétérée contre son favori. Cet imprudent y avoit mis le comble, en jettant des ridicules ineffaçables sur la plupart des gens de la Cour. Ce n'étoit pas son plus grand crime, mais c'est celui qu'on lui pardonna le moins, ainſi qu'il arrive toujours. Telle fut l'origine de la guerre civile qui déſola le Royaume preſque tout le reſte de ce règne malheureux. Edouard & Gaveſton, ſeuls de leur parti, réſolurent de quitter Londres, où dominoient alors Iſabelle, les Seigneurs & les Barons, & de ſe retirer à Yorck. Ce fut le favori qui détermina le Roi à cette retraite, parce qu'il fut informé que le Roi de France, inſtruit par la Reine ſa fille des affronts qu'elle avoit reçus de lui, avoit juré d'en tirer vengeance & de le faire périr.

Cette Princeſſe avoit fait ſavoir au Roi ſon pere les abus que Gaveſton faiſoit de ſon pouvoir; que ce pouvoir s'étendoit juſques ſur elle; que c'étoit lui qui lui enlevoit l'amour de son mari, dont elle ne recevoit que des mépris : elle s'étoit peinte comme très-malheureuse, & malheureuse par l'ascendant qu'avoit pris sur son époux un homme méprisé par ses mœurs, peu fait par sa naissance pour le rang qu'il occupoit, & qui étoit haï de toute la nation. Le Roi de France, outré des procédés de son gendre & du malheur de sa fille, avoit résolu, quoiqu'il pût en arriver, la perte de celui qui en étoit la cause. Gaveston fut instruit & de sa colere & de sa résolution. Il n'en parla point à Edouard, & résolut de faire tête à l'orage, avec l'apparence de la plus grande tranquillité. Le prétexte du voyage d'Yorck fut la guerre qui se faisoit alors contre le Roi d'Ecosse, Robert.

Bruce. Gavefton voulut faire croire que c'étoit pour être plus à portée de favoir ce qui fe paffoit à l'armée, commandée par Cumin, qu'il fe tranfportoit à Yorck avec le Roi. Ce prince, par le confeil de fon favori, fit partir Gloceftre pour cette armée, & le décora d'un grade confidérable. Son projet étoit de difpofer les troupes en fa faveur à tout évènement, & le Comte de Gloceftre étoit plus propre qu'aucun autre à préparer les efprits. Brave, franc, généreux, nul ne pouvoit leur être plus agréable. Il partit auffi-tôt avec fes inftructions, & prit congé de fa fœur fans l'inftruire de rien.

Madame de Cornouaille n'avoit point été à ce bal fi funefte ; & il lui arriva ce qui arrive prefque toujours dans ces circonstances, d'être la derniere informée de l'éclat affreux qui s'y étoit fait. Ce fut enfin Madame de Surrey qui le lui apprit ; il falloit bien qu'elle sût l'état actuel de la Cour. Elle en gémit, & ne put s'empêcher de représenter à son époux, avec sa douceur ordinaire, quelles pouvoient être les suites de ce malheur. Il prétendit que ce n'étoit que son amour pour elle qui l'avoit fait s'emporter ainsi ; que c'étoit elle que la Reine avoit en vue d'insulter & qu'il n'avoit pu le souffrir ; qu'il lui siéroit mal de lui reprocher une vivacité dont elle étoit la cause. Madame de Cornouaille, s'étant déjà apperçue qu'il ne vouloit jamais avoir tort, ne répondit que par des larmes qu'elle ne put retenir. Mais elle lui demanda s'il ne cherchoit point des moyens pour appaiser la colere de la Reine, & pour faire cesser de si grands troubles. Il lui dit de l'air & du ton le plus tranquille, qu'il n'en étoit pas besoin ; que ses ennemis seuls avoient à trembler ; que le Roi, & lui, agissant de concert, avoient pris le parti d'aller à Yorck, & qu'il falloit qu'elle se préparât à y venir avec eux. Ce ne fut pas sans de vives alarmes & de tendres regrets, qu'elle fit les préparatifs de ce départ. Elle quittoit Mesdames d'Herefort & de Surrey ; elle alloit seule avec son époux dans un nouveau séjour qu'elle voyoit entouré des plus grands dangers. Il fallut cependant partir. Arrivée à Yorck, le Comte de Cornouaille la conjura de ne rien négliger pour y étaler toute la pompe de la plus grande magnificence.

C'eſt, dit-il, Madame, tout ce que j'exige de vos bontés, & tout ce que vous pouvez faire qui me ſoit le plus avantageux. Le Roi partageoit leur table & leur logement. Madame de Cornouaille, quoique vivement affectée d'autres idées, remplit avec la plus grande exactitude les deſirs de ſon mari. Tout ce que la volupté a fait imaginer de plus agréable dans tous les genres; tout ce que les arts ont créé, fut raſſemblé dans cette Cour, dont on faiſoit les honneurs avec une ſplendeur dont on n'avoit point encore d'exemple. Son ame étoit cependant en proie aux plus mortelles inquiétudes, mais comme elle ne recevoit aucune nouvelle de Londres (son mari interceptoit ses lettres), qu'elle ne voyoit régner autour d'elle que plaisirs & sérénité, qu'à chaque fête nouvelle, le Roi & Gaveston, charmés de ses attentions, lui en marquoient leur reconnoissance, & qu'enfin c'étoit le plus sûr moyen de leur plaire à tous deux; elle sut vaincre ses craintes & bannir ses réflexions, pour se livrer toute entiere aux soins qu'ils attendoient de sa complaisance. Peut-être imagina-t-elle, & il y a lieu de le présumer, que ces jeux, ces fêtes, ces bals, ces tournois, ces festins, qu'elle ordonnoit avec tant d'intelligence & de grace, étoient des choses que la bonne politique prescrivoit à son mari. La confiance que sa tendresse lui donnoit en lui ; l'ignorance profonde où il la laiſſoit ſur tout ce qui ſe paſſoit ailleurs ; la tranquillité du Monarque ; toutes ces circonſtances réunies auroient pu ſéduire une perſonne plus âgée & plus habile que Madame de Cornouaille.

Un mois environ ſe paſſa ainſi. Un jour que le Roi & M. de Cornouaille étoient, avec leur ſuite, à prendre le divertiſſement de la chaſſe, & que Madame de Cornouaille, fatiguée des ſoins de la veille, étoit reſtée au lit pour prendre quelque repos ; une de ſes femmes entra dans ſa chambre, & vint en marchant légèrement, ouvrir ſes rideaux. Qu'y a-t-il, lui dit-elle ? Madame, répondit cette femme, un inconnu vient d'arriver, il demande à vous entretenir un moment en secret; il dit qu'il a des choses importantes à vous communiquer, & qu'il n'y a pas un instant à perdre. Qu'on le fasse entrer, dit-elle, un peu agitée. Quelle fut sa surprise en voyant paroître le Comte de Pembrock? Pardonnez, lui dit-il, Madame, il faut des raisons aussi fortes & aussi pressantes pour m'engager à cette démarche, & à la liberté que je prends. Daignez m'entendre seule un instant. Madame de Cornouaille ne lui demanda le tems que de se lever; il se retira, & aussi-tôt qu'elle se fut mise en état de le recevoir, elle le fit rappeller, & éloigna ses femmes. Quelles peuvent être les choses si importantes & si secretes que vous avez à me communiquer, Monsieur? Vous

n'ignorez pas ce qui se passe, Madame ? Madame de Surrey vous en a instruite ? Non, Monsieur, il y a plus d'un mois que je n'ai reçu de ses nouvelles. — Il n'est pas possible ! Elle vous a écrit, en ma présence plusieurs fois, & vous a tout mandé....... Madame de Cornouaille pâle & tremblante, lui répéta qu'elle ne savoit absolument rien, & qu'elle n'avoit point reçu de lettre de sa sœur. Je vous en apporte une, Madame, lui dit-il ; elle ne sait à quoi attribuer votre silence ; daignez la lire. Madame de Cornouaille l'ouvrit ; elle ne contenoit que ces mots.
» Mon trouble est si grand, ma
» chere & malheureuse sœur, que
» je ne puis écrire ; mettez toute
» votre confiance dans M. de

„ Pembrock, le plus digne des „ hommes. Suivez ses conseils, ou „ vous êtes perdue. Adieu, ma „ chere, ma tendre sœur, vos „ maux & votre silence me mettent „ au désespoir ".

Madame de Cornouaille effrayée, le pria de s'expliquer, & lui répéta qu'elle ne savoit exactement rien. Hé bien, Madame, lui dit-il, les yeux pleins de larmes, c'est encore un des malheurs où j'étois réservé, que d'avoir à vous apprendre les vôtres. Sachez donc, puisqu'il n'est plus possible de vous rien cacher, que la Reine & les principaux Seigneurs se sont unis & confédérés contre le Roi & contre votre époux, unique objet de leur fureur; qu'ils ont levé des troupes; que le Roi de France, par amour pour sa fille, & par haine contre M. de Cornouaille, fournit de l'argent, & envoie des soldats; que le vieux Comte de Lincoln, à la tête de la confédération, a fait nommer le Duc de Lancastre Général de l'armée; que le Comte de Varvick, les Comtes d'Arondel & de Varen & l'Archevêque de Cantorbéry sont au nombre des confédérés; que presque tous les Barons s'y sont joints, & que l'armée est rassemblée & considérable. J'ai fait inutilement les plus grands efforts pour rompre ces projets. Mon seul but est de vous servir..... J'eusse été autrefois l'ennemi de Gavelton, je ne le vous cache pas; on est même surpris que je ne le sois plus. Mais du jour que vous l'avez rendu...... le plus heureux des hommes, du jour qu'il a reçu votre main, il est devenu sacré pour moi. Je viens donc vous avertir que les confédérés s'approchent, qu'ils veulent investir la ville, s'emparer du château, s'assurer du Roi, saisir votre époux, & peut-être..... Hé bien, lui dit-elle,....... achevez. Hélas ! ajouta-t-il, en baissant les yeux, les momens sont trop chers pour que je puisse mettre à ces affreuses nouvelles les ménagemens nécessaires...... Vous n'avez pas un moment à perdre ; & peut-être le faire périr. Madame de Cornouaille, rassemblant ses forces, ne remercia M. de Pembrock, qu'en lui serrant la main avec tout le transport de la reconnoissance, & lui demanda ses conseils. Faites à l'instant avertir le Roi &

votre époux, lui dit-il ; ils font actuellement à la chasse ; envoyez plusieurs courriers bien fidèles & bien sûrs ; empêchez qu'ils ne rentrent ici, & forcez-les de choisir un autre asyle, où ils puissent être en sûreté, jusqu'à ce que les affaires aient pris un autre tour. Madame de Cornouaille fit partir à l'instant les plus fidèles de ses gens, avec les instructions nécessaires. Le Comte de Pembrock guida & partagea ses soins pendant cette cruelle journée. Elle n'apprit que vers le soir, que le Roi & Gaveston avoient enfin été rencontrés par ses courriers, & qu'ils avoient pris le parti de se retirer à Newcastle, où ils alloient se fortifier & faire avancer des troupes. Son mari ne lui écrivit qu'un mot ; il lui recommandoit de quitter Yorck auſſi-tôt, de ne point venir à Newcaſtle, & de ſe retirer à l'inſtant en lieu de ſûreté; mais il ne lui en indiquoit aucun; il ne lui donnoit aucun moyen, ni aucun ſecours. Elle ſut alors par ſes gens que le Roi & Gaveſton n'ignoroient pas ce qui ſe tramoit contre eux. Mais que tout leur ſoin avoit été de le lui cacher, & qu'ils avoient, juſqu'à ce moment, réduit à ce myſtere toutes leurs précautions, croyant ſans doute écarter l'orage en feignant de le braver. Les voilà en ſûreté, du moins pour quelques jours, lui dit le Comte de Pembrock; mais vous, Madame, qu'allez-vous devenir? Je ne ſais, lui dit-elle.... dans l'état où je ſuis, à quoi puis-je me déterminer? Je voudrois au moins que ma retraite fût décente. Je voudrois me voir entre les bras des miens. Mais mon frere est en Ecosse; je n'ai que lui au monde.... Venez, venez, Madame, je vais vous faire conduire secrettement; & sous une bonne escorte, chez Madame d'Herefort; vous y serez cachée, & en sûreté. Le Ciel me punit bien cruellement, lui dit-elle, M. de Pembrock; c'est vous, c'est vous seul qui vous occupez de moi !....... Un profond soupir succéda à cette réfléxion, qu'elle se repentit d'avoir faite tout haut. Daignez, lui dit-elle, tout préparer; je m'abandonne à vos soins; il y a long-tems que votre probité m'est connue, & que mon estime pour vous est sans bornes. Elle partit le soir même, sous la conduite de M. de Pembrock, & bien escortée; ils arriverent à Londres au bout de trois jours de marche. Tout ce qu'on peut réunir de soins & d'attentions, au respect le plus profond, fut employé par le Comte de Pembrock, pour soulager, servir, & consoler l'aimable infortunée qui lui étoit si chere. Il ne la vit pas un seul instant qu'en présence de ses femmes ; il sut se contraindre au point de ne pas se permettre un seul regard, il ne laissa pas échapper un seul soupir ; il ne l'avoit pourtant jamais tant aimée. Madame de Cornouaille n'eut pas le plus léger motif d'inquiétude sur la situation où elle se trouvoit ; situation bien délicate. Fugitive, sans parens, n'ayant d'autre appui que celui d'un homme qui avoit été son amant déclaré, & dont elle avoit rejetté les vœux pour lui préférer l'époux qui causoit tous ses malheurs, cet époux la négligeoit au point de la laisser dans cet abandon cruel, après avoir tout exigé de sa complaisance. Sans ces affreuses réflexions qui déchiroient son cœur, elle eût voyagé aussi tranquillement que si ses proches parens l'eussent seuls entourée. L'ame de cette femme infortunée étoit trop belle & trop sensible, pour ne pas être pénétrée d'un procédé si noble & si vertueux. Ils arriverent à Londres la trosieme nuit de leur voyage. M. de Pembrock remit ce dépôt précieux entre les mains de Madame d'Herefort & de Madame de Surrey qui s'étoient réunies ; il reçut leurs remercîmens avec cette forte d'impatience que la politeffe feule peut cacher. Madame de Cornouaille, étouffée par fes fanglots, ne put proférer que des paroles mal articulées. Il quitta ces Dames au bout d'un moment ; il promit à Madame de Cornouaille tous les fervices qu'il feroit en fon pouvoir de lui rendre, & fe retira, les laiffant toutes trois remplies pour lui de la plus haute eftime & de la plus vive reconnoiffance.

Ce fut alors que Madame de Cornouaille apprit avec plus de détails l'excès de fes malheurs, & celui de l'imprudente audace de fon mari. Le chagrin le plus profond, l'inquiétude la plus vive, les efforts qu'elle avoit faits depuis plus d'un mois, la fatigue qu'elle avoit éprouvée, toutes ces choses réunies lui enflammerent le sang. Le lendemain de son arrivée à Londres, elle se sentit transir & brûler; la fièvre la saisit, elle tomba dans l'état le plus violent; un délire affreux la mit bientôt hors d'état de sentir tous ces maux. Son digne conducteur ignora sa maladie. Dès le lendemain de son arrivée il partit de Londres, pour tâcher de rendre tous les services qui pouvoient dépendre de lui, à l'infortunée qui lui étoit si chere. Quels efforts ne fit-il pas pour sauver Gaveston! Mais l'imprudence qui l'avoit conduit sur le bord de l'abîme, l'y précipita.

Cependant l'armée des confédérés, qui grossissoit chaque jour, vint à Yorck le lendemain du jour où le Roi & son favori en étoient partis. Après les plus grandes recherches & les meilleures instructions, les chefs de cette armée résolurent d'aller assiéger Newcastle, où ils surent qu'Edouard & Gaveston s'étoient retirés. On répandit par tout le Royaume des manifestes fulminans contre le favori ; il y étoit déclaré l'ennemi de l'Eglise & de l'Etat; l'Archevêque de Cantorbéry lança contre lui les foudres de l'excommunication. Lancastre & Varvick, le plus habile des confédérés, étoient à la tête de ce parti. La Reine le soutenoit de tout son pouvoir, & son pouvoir étoit immense par la protection déclarée du Roi de France son pere. Pour comble de maux, l'armée d'Ecosse fut battue par Edouard Bruce,

Bruce, frere du Roi, & la défaite fut complette. Le Comte de Gloceſtre y fut bleſſé au défaut de la cuiraſſe, en combattant avec une bravoure héroïque, malgré le ſang qu'il perdoit. Mais, ſon cheval tué ſous lui, l'ayant renverſé, il tomba entre les mains des ennemis, & fut fait priſonnier. Ce fut pour Gaveſton le coup le plus funeſte dans les circonſtances. Gloceſtre l'aimoit ; & ſi l'on pouvoit faire quelques reproches à ce jeune Seigneur, ce n'étoit que de ſon attachement extrême pour le favori ; attachement qui avoit été juſqu'à lui ſacrifier ſa sœur, dont il avoit, avec trop de ſoins & de zèle, entretenu la paſſion. Il fut donc pris à cette bataille, & conduit au château d'Edimbourg. Alors il ne reſta pas au Comte de Cornouaille un seul ami en état de le servir. Les faveurs inouies dont il étoit comblé; l'abus indécent & terrible de son autorité, & de la faveur extrême dont il jouissoit, lui attiroient encore moins d'envieux, que son caractere vain, imprudent & téméraire, joint à ses manieres ironiques, ne lui avoient fait d'ennemis. Il n'étoit pas un Seigneur qui n'eût éprouvé l'amertume de ses railleries; plus il y mettoit d'esprit, plus elles étoient offençantes. Les ridicules, quand il les donnoit, étoient ineffaçables. La plupart de ses sarcasmes, contre les personnes de la Cour les plus considérables, avoient passé dans les Provinces. Celui de tous les grands qu'il avoit le moins épargné, étoit le Duc de Lancaſtre. Auſſi la fureur de ce dernier étoit-elle d'autant plus grande, que ſon maintien étoit plus doux, & plus réſervé ; il avoit d'ailleurs un motif de haîne & de reſſentiment, qu'aucun autre ne pouvoit avoir ; & ſa ſœur, Mademoiſelle de Lancaſtre, ne faiſoit encore que l'animer davantage s'il étoit poſſible. La Reine, reſtée à Londres avec Mortimer, dirigeoit de-là les opérations. Ce furent eux qui répandirent les manifeſtes, & qui acheverent d'échauffer les eſprits.

Le ſiege de Newcaſtle fut donc réſolu. Le Roi & Gaveſton, en ayant été avertis ſecrettement, par les ſoins du Comte de Pembrock, prirent encore la fuite, & ſe retirerent au château de Scarboroug, s'y croyant plus en sûreté. Mais la situation déplorable de leurs affaires, força le Roi de quitter son favori. Il partit dans l'espoir de rassembler le peuple, & de s'en composer une armée. Leurs adieux furent tristes, ils sembloient alors voir plus clair dans leur sort, & sentir leurs malheurs. Le Roi recommanda fortement au Gouverneur du château, la personne de Gaveston. C'est, lui dit-il en partant, ce que j'ai au monde de plus précieux.

Les Barons étant entrés dans Newcastle peu d'instants après la fuite du Roi & du Comte de Cornouaille, s'emparerent de tout ce qu'ils y trouverent. Les équipages de Gaveston furent saisis ; on y découvrit des richesses immenses en bijoux

& pierreries, & presque tous les joyaux de la Couronne. Tout fut inventorié, avec la plus grande publicité. On peut juger de l'effet que produisit sur les esprits une telle découverte; il n'en étoit pas besoin pour qu'on haït le favori; mais dès qu'on l'eut faite, il fut abhorré.

Le Duc de Lancastre, ayant appris que le Roi avoit laissé son favori dans le château de Scarborough, vint l'y assiéger. Il s'y défendit avec courage. Mais au bout de quelques jours, ne pouvant plus tenir faute de vivres, il demanda à capituler.

Lancastre étoit pour lors absent, il étoit allé s'opposer à la réussite des projets du Roi. Le Comte de Cornouaille obtint donc l'honneur d'une capitulation. Il demanda deux choses, à n'être jugé que par ses pairs, & qu'on le fît parler au Roi ; il obtint l'un & l'autre.

Dès qu'Edouard eut appris que le Comte de Cornouaille étoit pris, & au pouvoir des Barons, il leur fit demander avec instance la grace de le voir & de lui parler. Il les conjura sur-tout de lui sauver la vie. Son désespoir étoit sans bornes ; il promit tout, si on lui rendoit son cher Gaveston. A ce prix, disoit ce Prince, je donnerai sur tous les griefs toutes les satisfactions qu'on voudra. Il mit en œuvre tout ce qui lui restoit de son foible pouvoir, pour se faire rendre son favori. Mais les chefs de l'armée & les Barons qui ne respiroient que haîne & que vengeance, le refufoient abfolument. Le Comte de Pembrock, fi juftement eftimé de tous par fes rares vertus, & fa probité fi reconnue, parut alors à leur affemblée ; c'étoit pour la premiere fois. On crut, en le voyant entrer, que devant haïr celui qui lui avoit enlevé Mademoifelle de Gloceftre, il venoit groffir le nombre de fes ennemis. Mais auffi-tôt qu'on l'eut écouté, on fut bien furpris de le voir, au contraire, employer, pour fauver Gavefton, tous les refforts de l'éloquence. Il avoua les défauts du coupable ; mais il fut fi bien relever l'éclat de ces qualités brillantes qui l'avoient fait admirer, qu'une partie confidérable de l'Affemblée fe trouva émue en fa faveur. Alors, sentant ses avantages, M. de Pembrock rappella les articles de la capitulation faite avec le Comte de Cornouaille. La liberté de parler au Roi lui avoit été promise. Cette promesse étoit une chose sacrée ; on ne pouvoit y manquer sans blesser toutes les loix de l'honneur. Ensuite il parla, avec noblesse & franchise, du respect dû à la Majesté des Rois ; il peignit d'une maniere si touchante les malheurs d'Edouard, suppliant pour obtenir seulement la vue de son ami ; il mit tant de pathétique & d'adresse dans son discours, qu'il persuada à la plupart qu'on en agissoit avec trop de rigueur ; qu'il seroit d'ailleurs bas & deshonorant de manquer à la parole donnée à Gaveston par la capitulation ; qu'Edouard avoit des reſſources, & qu'il ſeroit dangereux de le pouſſer au déſeſpoir. Il fit entrevoir des lueurs d'eſpérance ſur un heureux changement dans le caractere de ce Prince éprouvé par le malheur. Il peignit les maux terribles d'une guerre civile, & finit par dire qu'il ne demandoit point qu'on relâchât Gaveſton. Il offrit de le prendre ſous ſa garde, avec promeſſe de le repréſenter toutes les fois qu'il en ſeroit beſoin. Il demanda enfin qu'on lui permît de le mener au Roi, & il donna ſa parole de le ramener.

Après de vifs débats dans l'aſſemblée, le réſultat fut à la pluralité des voix, & malgré les réclamations du Duc de Lancaſtre & du Comte de Varvick, que la demande du Comte de Pembrock lui feroit accordée; & que Gavefton, qu'il promettoit de repréfenter, refteroit fous fa garde. L'Affemblée fe fépara. On fit fortir le prifonnier du lieu où il étoit détenu, & on le remit, défarmé, entre les mains du Comte de Pembrock. Il ignoroit & ce qu'on avoit réfolu, & ce qu'on vouloit faire de lui; le Comte de Pembrock le vit frémir à fon approche. Mais comme fon intention n'étoit pas de s'expliquer avec lui en préfence de l'Affemblée, il ordonna à l'inftant le départ. Gavefton monta à cheval, & gardant un morne filence, il fuivoit M. de Pembrock qui le conduifit à fon château de Dodington. Dès qu'ils y furent arrivés, le Comte de Pembrock le fit conduire dans son plus bel appartement ; & après avoir donné des ordres pour qu'il y fût traité avec les plus grands égards ; il envoya lui demander s'il permettoit qu'il vînt s'entretenir avec lui. Gaveston, loin d'imaginer ce qui s'étoit passé ce jour-là, & les obligations extrêmes qu'il avoit à M. de Pembrock, croyoit au contraire, d'après l'amour qu'il lui connoissoit pour Mademoiselle de Glocestre, qu'il étoit entre les mains de son plus cruel ennemi ; & dans cette persuasion refusa absolument de le voir ; il le refusa à plusieurs reprises, d'une maniere dure & désobligeante, malgré les instances pleines d'intérêt, que lui fit faire M. de Pembrock. Le Comte de Cornouaille ne voulut même prendre aucune nourriture, faisant entendre, par des réponses brusques & laconiques, qu'il craignoit d'être empoisonné. Le Comte de Pembrock, plus affligé qu'offensé d'un tel soupçon, cessant alors de le faire presser de manger les mets qu'il lui faisoit préparer, crut qu'il falloit le laisser seul. Il fit rappeller ses gens, & donna ses ordres pour mener le lendemain Gaveston au Roi, qui étoit alors à Walingtorg, d'où le château de M. de Pembrock étoit peu éloigné. Le Roi est instruit de ce que j'ai fait, se disoit à lui-même ce vertueux homme ; il en instruira Gaveston, qui d'après cette preuve de mon zèle, pourra prendre quelque confiance en moi ; je pourrai guider ses démarches, peut-être pourrai-je détruire ses erreurs, &

le réconcilier avec les Grands d'abord, & enfuite avec la Nation. Il deviendra, je l espere, plus vertueux & plus raifonnable ; & alors au moins, j'aurai fait le bonheur de fa malheureufe époufe. Ah ! qu'elle foit heureufe, qu'elle le foit, & je ne ferai pas tout-à-fait malheureux. Tandis qu'il s'occupoit ce ces touchantes réflexions ; Gavefton, la rage dans le cœur, indigné de fe voir chez un rival qu'il déteftoit, d'après les comparaifons peu flatteufes pour lui, qu'il favoit qu'on avoit faites entre eux dans le tems de fon mariage ; Gavefton, dis-je, rouloit dans fa tête les moyens de s'évader. Il éveilla l'un de fes gens qui couchoit près de lui ; & avec fon fecours, il efcalada la fenêtre & les foffés du château. Le Comte de Pembrock s'étoit plus occupé du foin de fauver fon prifonnier, que de le faire garder ; mais cependant fidèle à la parole qu'il avoit donnée de le repréfenter, il avoit, avec foin, pris les précautions de la prudence; des fentinelles veilloient à toutes les iffues du château ; & Gavefton alloit être faifi par l'un d'eux, quand un gros de troupes des confédérés, paffant par hafard, l'apperçurent efcaladant le foffé, & fe faifirent de lui, en l'enlevant aux gardes de M. de Pembrock, qui furent à l'inftant en avertir leur maître : il fut confterné de cette fuite.

Il eft perdu, s'écria-t-il ! J'en fuis au défefpoir !...... s'il eût voulu m'entendre....... A peine il avoit eu le tems de prononcer ces mots, qu'il donna des ordres pour qu'on l'inftruisît du lieu où l'on conduifoit Gavefton. Ses gens revinrent deux heures après, & lui dirent que le gros de troupes qui l'avoit faifi, l'avoit auffi-tôt conduit au château du Comte de Varvick.

Pembrock s'habille, prend les armes, ordonne à fes gens de le fuivre, & vole à Varvick. Il étoit trop tard ; le chefs des confédérés, réunis dans ce château avec plufieurs Barons auffi violens qu'ils l'étoient eux-mêmes, furieux de ce qui s'étoit paffé la veille, & ne voulant plus rifquer de fe voir enlever leur proie, faifirent Gavefton à fon arrivée dans le château, l'enfermerent dans un cachot, tinrent entr'eux, à la hâte, un confeil de guerre, & tout de suite lui firent trancher la tête. Telle fut la fin tragique de ce Gaveston, qui, peu de tems auparavant, étoit le maître abſolu de l'Angleterre. Exemple bien frappant pour les ambitieux. Gaveston paroiſſoit avoir tout ce qu'il faut pour réuſſir. Ses paſſions démeſurées le perdirent ; l'imprudence, la légéreté, la hauteur, précipiterent ſa chûte. Toujours, preſque toujours, l'ambition mène au but contraire de celui qu'on ſe propoſe. On deſire la conſidération, on ne recueille que la haine & le mépris. Malheur à celui qui excite l'envie. Comment pouvoir s'en préſerver dans les grands emplois ? Par la modeſtie, par la douceur, par la juſtice ſur-tout, & par cette ſimplicité du cœur, qui fait qu'on songe moins aux droits & aux prérogatives de sa place, qu'aux devoirs qu'elle impose. Cette simplicité précieuse & chere à tous les hommes, est le préservatif de l'envie, elle se peint dans les mœurs, dans les discours, dans les actions, & jusques dans les manieres. Celui qui en a le cœur rempli, la montre sans cesse. Quand elle n'est pas naturelle il est impossible de l'imiter; parce que l'esprit ne peut suppléer aux vertus qu'on n'a pas. Heureux les hommes nés avec cette qualité qui conduit à presque toutes les autres ! Plus heureux encore l'état où de tels hommes occupent de grandes places, & le Roi qui sait les y appeller !

Edouard n'avoit pas ce talent si nécessaire aux Monarques. Le caractere de Gaveston étoit bien éloigné de cette simplicité si désirable. Vain, fastueux, hautain; il n'avoit jamais réfléchi sur les droits de l'autorité. Il pensoit qu'elle n'existe que pour ceux qui l'exercent. Il ne sentoit pas qu'elle n'est faite que pour assurer le repos & le bonheur des peuples qui y sont soumis. Ses idées sur la gloire étoient aussi fausses; & cette erreur fut la source de sa mauvaise conduite, de ses fantaisies, de son luxe révoltant, de ses hauteurs, de tout ce qui finit par le précipiter. Il étoit doué pourtant de qualités aimables; intelligence, vivacité, esprit, graces, générosité, bravoure, air de noblesse, agrémens de la figure; il avoit reçu de la nature ce qui fait briller & plaire au premier coup d'œil. S'il avoit eu la juſteſſe de l'eſprit, l'amour de l'ordre & de la juſtice, la prudence, la modération & la ſimplicité, il eût été cher à la Nation, heureuſe de ſes talens & de ſon aſcendant ſur le Roi. Ses défauts le perdirent, ſa chûte bien effrayante pour tous les ambitieux qui n'ont pas ſes talens, ne l'eſt guères moins pour ceux qui les poſſedent.

Cettte expédition, ſi ſoudaine, venoit d'être faite quand Pembrock arriva aux portes de Varvick. Sa douleur fut profonde ; quel ſort pour Madame de Cornouaille, s'écria-t-il ! Enſuite réfléchiſſant ſur le parti qu'il avoit à prendre ; il réſolut de retourner chez lui ; l'amour ſi grand, ſi noble, & ſi vrai, qui l'avoit engagé le matin à prendre les armes pour sauver l'époux de celle qu'il adoroit, ne le portoit point à chercher à le venger ; il connoissoit autant que les autres les vices de Gaveston ; il plaignit l'imprudence qui l'avoit conduit-là ; mais il déplora avec sanglots le malheur de son épouse. Il résolut de ne plus se mêler des troubles publics, & de ne s'occuper que du soin d'adoucir, s'il se pouvoit, les maux de cette infortunée.

A peine rentré dans son château, il se prépara à partir pour aller à Londres. Dès qu'il y fut arrivé, son premier soin fut de se rendre chez Madame de Surrey. Elle avoit appris déja par le voix publique la fin terrible de Gaveston, & les efforts du Comte de Pembrock pour le sauver & le défendre. Il lui confirma ces affreuses nouvelles ; mais avant que d'entrer dans les détails qu'elle lui demandoit ; il voulut savoir dans quel état étoit Madame de Cornouaille. Ah ! mon cher Comte, dit Madame de Surrey, ma trop malheureuse nièce ignore ses malheurs ; elle est plongée dans une maladie affreuse , un délire presque continuel occupe son cerveau. Dieu ! s'écria Pembrock , sa vie est-elle en danger ? Hélas ! oui. En danger , est-il possible ! Suis-je assez malheureux ! Madame, lui dit-il , du ton le plus attendri ; ne me seroit-il pas permis de la voir ? Ah ! mon cher Comte, quel spectacle ! Vous ne pourriez, sans la plus grande douleur , la voir dans cet état déplorable. Et puis, si par malheur, malgré son délire, elle venoit à vous reconnoître, l'émotion pourroit la faire mourir. Eh quoi ! Madame, n'est-il pas possible que j'entre un instant dans sa chambre sans qu'elle le sache, sans qu'elle me voie ? Oui, cela se peut, lui dit-elle, & si vous le voulez absolument, je pourrai vous accorder cette triste satisfaction. Il la suivit dans la chambre de la malade ; Madame d'Herefort & ses femmes la gardoient ; le Comte de Pembrock fut prêt à s'évanouir quand il l'apperçut à travers ses rideaux. L'idée des malheurs qui l'accabloient, l'altération de ses traits, le délire sombre qui l'absorboit, le firent frémir. Cette personne, si chere à son cœur, malheureuse & mourante, lui causa une telle révolution, qu'il fut forcé de fortir : il revint ainfi plufieurs fois durant cette cruelle maladie, & toujours fans qu'elle s'en apperçût. Un jour cependant qu'elle commençoit à faire efpérer pour fa vie, & qu'elle étoit plus tranquille ; il parloit bas derrière fes rideaux avec Madame d'Herefort, elle crut reconnoître un fon de voix étranger ; elle ouvrit précipitamment fon rideau, & reconnut le Comte de Pembrock.

Vous ici, lui-dit-elle, avec une furprife mêlée de terreur ! Vous ici ! Eft - il arrivé quelqu'évènement ?...... Parlez, parlez M. de Pembrock, je vous en conjure. Dites-moi...... je tremble. Calmez-vous, Madame, lui dit-il, vous n'avez plus rien à craindre.

Que devient mon époux ? — Madame, de grace....... n'en soyez plus inquiète. Madame d'Herefort & Madame de Surrey étoient confondues, d'autant plus qu'elle n'avoit jusques-là rien dit encore de suivi, & qu'on ne croyoit pas qu'elle fût en état de songer à rien. Elles firent signe à M. de Pembrock de se dérober, & la replaçant dans son lit, elles fermerent ses rideaux. Elle retomba dans un long assoupissement ; mais quelques heures après, elle demanda où étoit allé M. de Pembrock. Madame de Surrey feignit de ne pas entendre ce qu'elle vouloit lui dire, & tâcha de lui persuader que c'étoit un rêve. Ce rêve est bien terrible, dit la malade, mon époux est perdu ! Madame d'Herefort fit en vain tous

ses

ses efforts pour la rassurer. Cette idée la poursuivoit. Cependant sa santé devenoit meilleure, & au bout de quelques jours la fièvre étant passée, on commença à lui faire prendre quelque nourriture. Quand elle fut en pleine convalescence, elle voulut absolument savoir ce que devenoit son époux. Elle avoua que depuis le rêve, où elle avoit vu M. de Pembrock, elle avoit d'affreux pressentimens. On s'efforçoit de bannir ces funestes idées. Les médecins disoient qu'elle n'étoit pas encore en état d'apprendre son malheur, & l'on mettoit tout en œuvre pour le lui cacher. Un soir, que seule dans sa chambre avec une de ses femmes, elle méditoit sur son sort, & tâchoit de deviner celui de son mari, à travers tout ce qu'on lui difoit d'obfcur; elle entendit entrer des gens à cheval dans la Cour. C'eft lui, c'eft lui, dit-elle, fe foulevant avec peine; elle fe perfuade que c'eft Gavefton; elle fort & va à fa rencontre; la nuit commençoit à être obfcure, elle fe jette dans les bras de celui qu'elle prenoit pour fon époux. Je vous revois donc encore, lui dit-elle; oui ma fœur, répondit-il avec des fanglots, je viens pleurer avec vous le malheureux Gavefton; je viens venger fa mort. Que dites-vous, ô Ciel, s'écria-t-elle! & elle tomba fans connoiffance. Gloceftre, car c'étoit lui qui ayant appris à Edimbourg la détention de Gavefton, avoit obtenu fa liberté du Roi d'Ecoffe, pour venir à fon fecours, Gloceftre, frémissant de l'état de sa sœur, apprit de ses femmes, & sa maladie, & l'ignorance où elle étoit encore de son malheur : il fut désespéré de lui avoir porté le coup mortel.

Mesdames d'Herefort & de Surrey arriverent ; elles apprirent au Comte de Gloceftre beaucoup de détails qu'il ignoroit : il vit enfin avec douleur qu'il avoit sacrifié sa sœur, & quel homme étoit le Comte de Pembrock. Il reconnut, mais trop tard, ses erreurs sur Gavefton ; il en déplora les suites ; & ne songea qu'à chercher les moyens d'adoucir le fort de sa malheureuse veuve. L'impression que le récit des fautes, des imprudences & des crimes du Comte de Cornouaille, car il en avoit commis contre la Nation; l'impreſſion, dis-je, que ces détails firent ſur Gloceſtre, le perſuada qu'ils pourroient opérer le même effet ſur ſa ſœur, & il jugea que cet effet lui étoit néceſſaire. Il lui en fit le récit avec la franchiſe qui lui étoit ordinaire. Madame de Cornouaille, qui avoit toujours aimé ſon frere avec la plus vive tendreſſe, lui répondit avec la même ſincérité. Je n'avois plus d'amour pour lui, mon frere, il avoit trop ſu le bannir de mon cœur. Ses froideurs & le peu de confiance qu'il avoit en moi, m'ont cependant moins ulcérée que le fonds de ſon caractère opiniâtre, avare & prodigue à la fois, vain, imprudent, & emporté, ne m'a révoltée. Que j'en ai ſouffert! Je n'avois plus d'amour, non, je n'en avois plus. Ah ! mon frere, qu'il eſt affreux, qu'il eſt humiliant de ne plus eſtimer au fond de ſon cœur celui qu'on a choiſi ! Cette ſituation eſt déchirante, je l'ai trop éprouvée ; mais, renfermant dans mon ame ces ſentimens, vous-même ne les auriez jamais connus, s'il eût vécu. — Quoi, ma ſœur, avec votre franchiſe vous auriez pu ?...... Mon frere j'aurois dû au public, à mon époux, puiſqu'enfin il l'étoit, à moi-même, de cacher éternellement des ſentimens que je ne pouvois condamner en moi ; ils n'étoient que trop juſtes ; & d'ailleurs je n'étois pas plus maitreſſe de ces ſentimens-là, que je ne l'avois été de celui qui m'avoit fait l'adorer : mais on les auroit jugés condamnables. Non, mon parti étoit pris de m'efforcer à le combler des marques de mon attachement. Hélas! j'espérois prendre, par ce moyen, peut-être un peu d'ascendant sur son cœur; il ne me haïssoit pas, il m'oublioit: j'espérois encore pouvoir en être aimée, & gagner sa confiance pour le préserver des maux que je le voyois entasser sur sa tête. Oui, mon frere, je l'aurois comblé toute ma vie d'attentions, d'égards & de complaisances : je le devois, ce sont-là mes principes. La franchise seroit un crime en pareil cas. Mais j'étois destinée au malheur, & sous les dehors les plus sereins j'aurois été bien malheureuse. Je le sens, & je vous l'avoue sous le secret le plus sacré, ce qui m'accable à présent, c'est l'horreur de mon fort. Iſſue du ſang des Gloceſtre, nièce d'Edouard, votre ſœur, celle de Madame d'Herefort, veuve de... de Gaveſton ! Ah ! mon frere, je n'eus jamais la chimere de m'énorgueillir de ma naiſſance, & des avantages où j'aurois pu prétendre ; mais quel ſort ! dans quel abîme l'amour m'a conduite ! Combien les dangers de cette paſſion ſont terribles, pour notre ſexe, ſur-tout ! Mon malheur & celui de Madame de Saint-Martin, dans des genres bien différens, ſont deux grands exemples de ces dangers. Pour une femme dont l'amour a pu faire le bonheur, il en eſt mille dont il a cauſé la perte. Hélas ! ajouta-t-elle, à quoi me ſervent à préſent ces réflexions ? Quand elles m'auroient été ſi néceſſaires, je ne les ai pas faites ; je n'étois point en état de les faire. Dans le monde entier je ne voyois que l'objet de ma tendresse ; tant que le charme a duré , toute autre idée , tout autre sentiment étoient abforbés. Il eft trop vrai que l'expérience des autres eft perdue pour nous. Ah ! mon frere, que la mienne m'a coûté de larmes ! Eclairée trop tard fur l'objet de ma tendresse , je n'avois plus pour lui d'autres fentimens que celui qu'il eft impoffible qu'une femme fenfible ne conferve pas pour l'homme qu'elle a tant aimé, fur-tout quand il eft malheureux. Indulgence pour fes défauts , compaffion pour fes égaremens, intérêt tendre fur fon fort ; voilà ce que je fentois pour lui. Par la connoiffance que j'avois de fon caractere, j'ai prévu.... fa chûte & mon malheur. Depuis mon départ d'Yorck, je n'en ai pas douté un inftant ; eh ! voilà ce qui caufoit mes agitations. Je viens de vous ouvrir mon ame, ajouta-t-elle, mon frere, que mon fecret demeure à jamais enféveli ; ma tendreffe pour vous me l'a arraché, mais vous fentez que ma gloire en dépend. Je fais ce que ma fituation exige, je remplirai ce que je dois ; mais fur-tout, mon frere, jamais, jamais, ne révélez ce que je viens de vous confier. J'ai dû vous le dire pour mettre votre cœur en repos fur le compte du mien ; mais que ce fecret vous foit facré, & qu'il foit éternel. Gloceftre le lui promit, mais à peine forti de chez elle, il courut chez Madame de Surrey, & lui confia les sentimens de sa sœur. Elle les apprit avec une joie vive ; elle avoit toujours haï Gaveston, & elle étoit l'amie de M. de Pembrock. Elle crut voir la fin des malheurs de Madame de Cornouaille, & de sa famille, & confia à son tour à Glocestre l'excès de la passion de M. de Pembrock. Elle lui peignit l'extrême délicatesse de son amour, & tous deux se réunirent à désirer ardemment de voir le mariage unir leur sœur à un amant si digne d'en être aimé.

M. de Pembrock n'attendoit que le rétablissement de la santé de Madame de Cornouaille pour lui offrir sa main ; il sentoit bien que dans de telles circonstances les délicatesses ordinaires ne sont pas de saison ; & qu'il ne pouvoit trop tôt faire une propofition qui marquoit fi bien la force & la grandeur de fon amour ; il vint chez Madame de Surrey le foir même du jour où Gloceftre & elle s'étoient confiés mutuellement leurs fecrets. Madame de Surrey lui parut avoir un maintien plus fatisfait qu'il ne devoit s'y attendre ; il jugea que Madame de Cornouaille fe portoit bien, elle lui confirma cette heureufe nouvelle ; alors il la pria de fe charger de lui offrir fon cœur & fa main. Il étoit fi ému, que ce ne fut qu'à travers des fanglots qu'il put proférer ce peu de paroles. Elle me pardonnera, dit-il, un empreffement que dans d'autres circonftances j'aurois fu réprimer.. Cet empreffement, ajouta-t-il, en regardant fixement Madame de

Surrey, & en lui ferrant la main, eſt aujourd'hui la preuve la plus parfaite de mon reſpect. Je vous entends, mon cher Comte, lui répondit-elle ; vos procédés me pénètrent juſqu'au fond du cœur, & je crois ne pouvoir mieux vous convaincre de tous mes ſentimens pour vous, qu'en vous confiant ceux de ma nièce ; ne craignez plus, au fond de ſon cœur, une rivalité qui ſeroit horrible. Alors elle lui répéta ce qu'elle avoit appris de Gloceſtre. Vous me comblez, Madame, lui dit Pembrock ; je vous l'avoue, la crainte que ſes feux pour Gaveſton ne fuſſent pas encore éteints, m'étoit horrible. Cette crainte m'eût fait balancer dans toute autre conjoncture ; mais dans celle-ci, rien ne pouvoit

m'arrêter. Elle ne l'aimoit plus!
Eh! comment eût-elle pu l'aimer
encore?..... Il n'a que trop mérité de perdre un cœur comme le
sien. La vertueuse femme! quelle
ame! quelle force! elle ne l'aimoit plus! C'est un point bien
important pour mon cœur; mais,
hélas!..... mais, ce n'est pas assez.
Grand Dieu!.... m'aimera-t-elle?
Ses pleurs redoublerent ; sa tête
appuyée sur les genoux de Madame
de Surrey, dont il tenoit les mains
entre les siennes, marquoit par
des mouvemens vifs & involontaires toute l'agitation de son ame.
Ses pleurs couloient en abondance,
il répétoit d'une voix étouffée,
m'aimera-t-elle? Je l'espere, mon
cher Comte, lui dit Madame de
Surrey; Quel cœur résisteroit à

tant d'amour ? Ah ! fi je n'obtiens que de la reconnoiffance, dit-il en foupirant profondément, je ferai bien malheureux. Tant de mérite, tant de vertus doivent lui infpirer d'autres fentimens, lui dit-elle, & j'y compte ; mais elle n'a point parlé de vous, & j'ignore..... N'approfondiffons rien, Madame, je l'adore, elle doit m'eftimer, & je veux la retirer de l'abîme où elle eft plongée. Offrez-lui ma main, peignez-lui ma tendreffe.... s'il eft poffible de la peindre, & déterminez-là à fe donner à moi promptement, c'eft tout ce que je veux, & tout ce que j'exige. Gloceftre, qui entra dans ce moment, fut bientôt inftruit de leur entretien ; Madame de Surrey lui répéta ce que M. de Pembrock venoit de lui dire ; ils s'embrasserent tendrement. Gloceſtre lui dit qu'il ne prévoyoit aucun obſtacle ; il l'appella ſon frere, & répondit du conſentement de ſa ſœur. Ils paſſerent la ſoirée enſemble. Gloceſtre déplora ſon aveuglement pour Gaveſton ; il gémit de n'avoir pas mieux connu M de Pembrock. Madame de Surrey jouiſſoit d'avance du bonheur de le voir retirer ſa nièce du précipice où elle étoit tombée, & de voir ſon intime ami devenir ſon beau-frere. Le Comte, ſe livrant à l'eſpoir d'un bonheur prochain, ne leur parla que de ſa tendreſſe pour Madame de Cornouaille, & de tout ce que cette paſſion l'avoit fait ſouffrir. Ils ſe ſéparerent dans cet état doux & délicieux, où l'amitié & la confiance savent placer, mieux que tout autre sentiment, les ames qui sont dignes d'en éprouver les charmes.

Madame de Surrey se rendit dès le lendemain matin au chevet de Madame de Cornouaille ; elle la trouva occupée à lire une lettre du Roi, qui prétendoit la consoler, en lui faisant part de la magnificence des obsèques qu'il avoit faites à Gaveston. Elle soupira, leva douloureusement les yeux au Ciel, & communiqua cette lettre à sa tante. Le Roi s'y trompe, dit-elle à demi-voix, il me prend pour mon mari. Oui, s'il avoit jamais pu éprouver le sort que j'éprouve, cette lettre eût peut-être adouci ses chagrins. Madame de Surrey lui ayant laissé le tems de faire fur cet objet des réflexions les plus triftes & les plus fenfées, la conjura de bannir de fon efprit des idées auffi cruelles. Après un très-long entretien fur l'horreur de fon fort, elle rifqua de lui dire qu'il y auroit un moyen de l'adoucir. Un moyen ! dit Madame de Cornouaille, avec étonnement : oui, ma fœur, & ce moyen eft en votre pouvoir. — Cela eft impoffible ; que voulez-vous dire ? Et quel peut être ce moyen ? Madame de Surey fe jettant alors fur fon lit, & la ferrant dans fes bras, tandis qu'elle colloit fes joues baignées de larmes fur les fiennes, lui dit en tremblant, & prefque tout bas, M. de Pembrock vous adore ; il ma chargée de vous offrir fon cœur & fa main. M. de Pembrock ! dit avec surprise Madame de Cornouaille, M. de Pembrock ! Que ce trait est noble ! qu'il est grand ! il me perce le cœur. Ah ! que de reproches j'ai à me faire ! Eh bien ! ma chere amie, n'est-ce pas une ressource heureuse,. & vous ne l'accepteriez pas ? Hélas ! dit Madame de Cornouaille, en retenant ses larmes prêtes à couler ; non, ma tante.—Non ; que dites-vous ?.. Que lui vais-je dire ? Qu'il sera malheureux !..... Je le serai plus que lui ; mais, j'y suis résolue : non, je n'accepterai point ses offres. — Ma nièce ! ma nièce ! daignez-y réfléchir ; il vous adore. — Je ne le vois que trop. — La gloire de votre famille ? — Je ne dois m'occuper que de celle du généreux Pembrock. — Vous l'allez réduire au désespoir ; si vous saviez à quel point il vous aime ! combien il a souffert ! — Je sais tout, & je vois tout à présent, je l'ai vu trop tard ; Ah ! ma tante, quel malheur ! — Il ne tient qu'à vous de le réparer. Non, non, je sais ce que je dois, à lui, à moi, à l'Europe entiere. — Je ne puis me charger de lui annoncer vos refus. Madame de Cornouaille, après un moment de réflexion, dit, Eh bien, ma tante, c'est moi qui m'en chargerai. Engagez-le à me venir voir, il est bien digne que je prenne ce soin ; qu'il vienne, dites-lui que je l'en prie. Madame de Surrey accepta avec joie cette commission ; elle espéra que la présence de M. Pembrock, que ses discours, que ses transports, toucheroient sa nièce, &

vaincroient sa résistance. Elle sortit, & dit à M. de Pembrock qui attendoit chez elle sa réponse, que Madame de Cornouaille le demandoit; un amant moins délicat eût été charmé de cette invitation, il en fut allarmé, & fit en vain des questions à Madame de Surrey. Que dois-je espérer, Madame, lui dit-il avec effroi ? Je l'ignore, mon cher Comte; elle veut vous voir, & vous répondre elle-même. Il pâlit & trembla; il partoit, s'arrêtoit, revenoit sur ses pas, & ne savoit à quoi se décider. Madame de Surrey l'accompagna & le conduisit chez sa nièce: elle étoit levée, & l'attendoit. Aussi-tôt qu'elle l'apperçut, elle s'avança vers lui, & en le regardant avec l'air le plus tendre & le plus touché, elle lui tendit la main & le fit asseoir auprès d'elle.

Madame de Surrey se retira. Le Comte, les yeux baissés, & dans le maintien d'un homme qui attend son arrêt, ne put proférer un seul mot. Madame de Cornouaille, fort agitée elle-même, rompit le silence. Je ne peux, lui dit-elle, Monsieur, vous marquer à quel point je sens le prix de vos vertus, & de ce que vous faites pour moi, qu'en vous peignant dans la plus grande vérité l'état de mon ame, & des sentimens qui la remplissent. Vous n'abuserez point de ma franchise, vous respecterez mes principes ; le Comte ne répondit que par le geste le plus animé & le plus soumis. Hé bien, mon respectable ami, c'est ainsi que je dois vous nommer, je fus injuste envers vous ; mes malheurs & vos vertus m'ont éclairée ; vous êtes l'homme du monde que j'estime le plus, & qui m'êtes le plus cher : je ne verrois que bonheur & délices à me donner à vous ; je suis bien sûre, & je sens que je serois la plus heureuse des femmes. Le Comte ne put retenir ses transports, & se jetta à ses pieds. Relevez-vous, lui dit-elle, d'un ton mêlé de douceur & de fermeté; relevez-vous, mon cher Comte, écoutez-moi. Croyez, & soyez-en bien sûr, que si j'étois encore Mademoiselle de Glocestre, que si je possédois les avantages que j'avois alors, que si je pouvois encore faire un choix entre vous & tout ce qu'il y a d'hommes au monde faits pour prétendre à mon cœur; croyez que sans effort & sans balancer, vous seriez celui que je préférerois. Vous avez toujours eu mon estime, vous l'avez dû savoir : mais combien tout ce que vous avez fait pour moi ; combien vos vertus, vos sacrifices, vos procédés, m'ont inspiré pour vous des sentimens plus tendres que l'estime ! vos secours & vos soins pour mon départ d'Yorck, vos égards pendant mon voyage, sont des traits gravés à jamais dans mon cœur. Ce que vous avez fait pour mon malheureux époux ..... pardonnez...... Ah ! quel mortel fut jamais aussi grand que vous ! Mon cœur s'enflamme & succombe à cette idée. Daignez, Madame, ne vous rappeller rien de ces affreux momens, que l'excès de mon zèle & de..... Je fais, lui dit-elle, combien je vous suis chere : Ah ! mon vertueux ami, je n'ignore pas la grandeur du sacrifice que je fais. Mais.....Eh ! Madame, qui peut donc vous imposer la loi d'un tel sacrifice ? si vous connoissez ma tendresse, si vous ne me jugez plus indigne de la vôtre, si vous vous intéressez à mon bonheur, si vous croyez que ce pourroit être aussi le vôtre ; Madame, d'où peuvent donc venir une résistance & des refus dont il me faudra mourir. J'espere, mon cher Comte, que votre raison se rendra à mes motifs, & que, bien convaincu de mon attachement, votre ame prendra une assiette plus calme. Vous m'êtes & vous me serez éternellement plus cher

cher qu'aucun homme du monde, & c'est parce que je vous rends toute la justice qui vous est due, que je me fais l'effort de refuser vos offres.... Ah ! Madame, vous prononceriez cet arrêt si cruel ! Songez que ma vie en dépend...— Je vous estime trop, vous m'êtes trop respectable pour que je veuille vous faire partager l'ignominie qui me couvre. Le Comte s'écria à ces mots : Ne m'interrompez pas, lui dit-elle avec l'air imposant du malheur : oui, oui, je connois quel est mon sort. La passion vous aveugle, vous ne le voyez pas ; mais, demandez à vos parens, demandez à votre mere, à tous vos proches, ce qu'ils penseroient de votre alliance avec la veuve de Gaveston ; ils en seroient indignés, & ils auroient raison. Devenu mon mari, ne vous faudroit-il pas épouſer mes querelles, & ne feriez-vous pas chargé de mes vengeances ? Et contre qui ? contre votre famille entiere, contre vos plus chers amis. Si vous ne le vouliez pas, fongez, mon cher Comte, au rôle aviliſſant que vous me feriez remplir. Songez donc que je fuis la veuve de cet homme détefté & que je ne dois voir en lui que mon époux; fongez à quels devoirs je fuis condamnée, & voyez fi vous pouvez, fi vous devez, fi même vous voudriez les partager ? Il le faudroit pourtant, ou je deviendrois la plus vile des créatures. Non, mon cher Comte, non, je ne fuis plus, par mes malheurs, digne d'être votre époufe ; mais je veux par mon cœur être digne de refter à jamais votre amie : aucun nuage n'obfcurcira des sentimens si doux & sur lesquels je fonde l'unique bonheur dont je puisse encore jouir. Devenue votre épouse, je ne pourrois, je vous l'avoue, lever les yeux autour de moi ; il me sembleroit qu'en me voyant, on se rappelleroit mes anciens torts avec vous ; vous me les pardonnerez ; le monde ne me les pardonneroit pas. Combien je serois humiliée si l'on pensoit qu'après d'anciens refus, plongée dans la honte & dans la misere, je ne vous ai accepté que pour trouver une ressource dans un état désespéré ! Je vous aimerois comme vous méritez de l'être, on ne le croiroit pas. Je passerois pour la femme la plus fausse, & vous pour l'homme le plus foible. Je ne puis vous répondre d'ailleurs que je pusse, avec vous-même, dans les inſtans qui devroient être les plus doux, ne pas ſonger que ces idées cruelles pourroient venir quelquefois vous troubler. L'amour ne dure pas toujours...... Ah ! Madame, ne m'accablez pas par cette affreuſe penſée ! De grâce ne m'accablez pas ainſi. Vous, ne m'être plus auſſi chere !..... Je ne vous parle, mon cher Comte, que des idées qui pourroient me troubler. Je ſentirois tant combien la veuve de Gaveſton eſt indigne de vous, que dans tous les momens ce ſentiment troubleroit ma vie & y jetteroit une amertume que vous ne pourriez en bannir. Je me rappelle le paſſé, les ſentimens que j'eus pour un autre ; cette autre m'a poſſédée ; c'étoit par mon choix ; j'avois rejetté vos vœux. Je me rappelle moi tous ces traits qui vous échappent dans ce moment ; mais, quoique vous en puissiez penser à présent, ils ne sont pas de nature à ne jamais vous revenir à l'esprit ; la seule crainte en seroit mortelle, & cette crainte, pardonnez, je l'aurois toujours. Il alloit parler, elle l'interrompit encore. Vous m'aimez trop pour vouloir me rendre malheureuse : je le serois. Mes propres sentimens que je ne pourrois vaincre, les dégoûts de votre famille, dégoûts que je soupçonnerois au moins & que je ne pourrois supporter, (c'est dans mon abaissement la fierté qui me reste) & plus que tout cela les dangers, les malheurs, l'avilissement où je vous exposerois ; voilà mes motifs, mon cher Comte ; ils sont sans réplique, & mon parti est absolument pris. Daignez ne me pas presser davantage, & croyez que l'effort que je me fais est digne de respect. J'attends encore de votre attachement de m'épargner les instances de ma famille ; l'honneur de leur maison, leur tendresse pour moi, leur amitié pour vous, leur dérobe dans ce moment le véritable aspect des choses. J'ai besoin de calme & de repos : c'est à vous, c'est à vous-même, c'est au Comte de Pembrock que je m'adresse pour obtenir ce repos. Je viens d'éprouver une violente secousse, mais j'ai fait mon devoir ; je dois expier mes anciennes erreurs, il est juste...... Croyez, mon cher Pembrock, croyez aussi que je les expie. A ces mots elle ne put retenir ses pleurs ; les sanglots l'interrompirent. Le Comte la serra tendrement dans ses bras, & confondit ses larmes avec celles de cette vertueuse personne. Vous n'aurez point à vous plaindre, lui dit-il; non, vous serez tranquille, & personne ne vous pressera. Vos raisons ne me persuadent pas, je vous l'avoue, mais je les respecte; leur source est précieuse à mon cœur, puisqu'elles ne viennent que d'une délicatesse poussée à l'excès. Je vous le répète, vous serez tranquille; mais ne me réduisez pas au désespoir. Laissez-moi penser que dans quelque tems peut-être vous pourrez vous livrer à des idées moins cruelles, & que je pourrai...... Non, mon cher Comte, je ne puis vous abuser, non..... Ah! ç'en est trop, dit-il, en se jettant dans un fauteuil avec le mouvement du désesppoir; & ce que je demande, tout

chimérique qu'il eſt, pourroit adoucir mes maux. Vous ne le voulez pas, vous voulez que je meure......
Madame de Cornouaille, avec le regard de la douceur & de la bonté, lui dit, non, mon généreux ami, non, je ne le veux pas. Si cette idée peut vous conſoler & vous ſoutenir, gardez-là : ſoyez toujours l'ami le plus cher à mon cœur, & tenez-moi ce que vous m'avez promis. Madame de Surrey qui rentra, interrompit cet entretien : elle les trouva tous deux baignés de larmes ; leurs regards fixés l'un ſur l'autre n'annonçoient que de l'attendriſſement. Elle n'oſa leur faire de queſtions ; mais M. de Pembrock ſuffoqué ſortit ; & Madame de Surrey, ne pouvant réſiſter à ſa curioſité, mais tremblant d'interroger ſa ſœur, le ſuivit. Il

lui apprit ce qui venoit de se passer, & il exigea d'elle & de tous les siens de ne pas presser Madame de Cornouaille. Glocestre fut le plus difficile à persuader; il le promit pourtant, & tint parole.

Madame de Cornouaille se retira peu de tems après à l'Abbaye de..... où elle avoit une sœur Religieuse. Mesdames de Surrey & d'Herefort firent envain leurs efforts pour la retenir avec elles; elle préféra la retraite, & elle y vécut très-long-tems, oubliée du monde entier. M. de Pembrock obtint la permission d'aller souvent la voir dans cet asyle : elle le voyoit aussi quelquefois l'été dans la maison de campagne de Madame de Surrey, où, tous les ans, elle alloit passer quelque tems dans la belle saison. Il espéra long-tems de vaincre sa résistance ; mais Madame de Cornouaille, ferme dans ses principes, se montra toujours la même. Le Comte, persuadé qu'elle avoit pour lui les sentimens de la plus profonde estime & de l'attachement le plus tendre, parvint, ainsi qu'elle, à cet âge où les passions amorties font place à l'amitié & à la confiance. Ils en éprouverent les douceurs jusqu'à la fin de leurs jours ; & dans la vieillesse la plus reculée, ils eurent encore des plaisirs. La fin de ce règne orageux & terrible leur rappelloit, à chaque évènement, ce qui autrefois les avoit tant intéressés. La mort de Gloceftre, tué les armes à la main en combattant pour sa Patrie, fut un coup bien douloureux pour Madame de Cornouaille. C'étoit dans ces inftans que les confolations de M. de Pembrock lui étoient bien nécef-faires & bien douces. La paffion publique & déclarée de la Reine pour Mortimer; l'élévation des Spencers fur les ruines de Gavef-ton; la foibleffe du Roi pour fes nouveaux favoris; les fuites fu-neftes de cette foibleffe & des emportemens de la Reine; le Duc de Lancaftre décapité par ordre d'Edouard; les honneurs rendus à la mémoire de cet homme fi ref-pecté du Peuple, honneurs que Madame de Cornouaille favoit lui être fi peu dus, & qu'elle prévit bien qui acheveroient la ruine du Monarque, en le faifant détefter du Peuple; la comparaifon du fort du Duc de Lancaftre avec celui de fa fœur, Mademoifelle de Lan-caftre, morte d'une mort naturelle & qui méritoit bien plus juftement le fupplice ; les malheurs de l'Etat, en proie à toutes les divifions ; le Roi détrôné enfin & livré à la mort par la Reine elle-même ; cette criminelle Princeffe dépouillée à fon tour de fon autorité par fon fils Edouard III, l'un des plus grands hommes que l'Angleterre ait vus fur le trône ; la détention de Mortimer, l'inconftance de la Reine & les nouveaux fcandales donnés à la Nation par fon amour pour le Comte de Kent ; le fupplice de ce dernier, & enfin l'emprifonnement de la déteftable Ifabelle par l'ordre du Roi fon fils ; les vertus naiffantes de ce jeune Prince ; l'efpoir qu'il donnoit d'un règne plus heureux ; tous ces évènemens, preffés & multipliés, faifoient le fujet ordinaire des entretiens de Madame de Cornouaille & du Comte de Pembrock qui s'étoit absolument retiré des affaires & de cette odieuse Cour. Ils survécurent tous deux à presque tous les acteurs principaux de ce règne : ils apprirent la mort d'Isabelle, après vingt-huit ans de captivité dans le Château de Rising. Malgré l'oubli profond où elle étoit tombée, ils regarderent encore sa fin comme un bonheur pour l'Etat & pour le Roi. Ils furent témoins de la grandeur de ce Monarque, & se féliciterent d'avoir assez vécu pour voir des tems plus heureux que ceux qui avoient affligé leur jeunesse. Tel fut enfin pour eux le pouvoir de la raison, de la sagesse, de la vertu & de la constante amitié, que, malgré les infortunes affreuses & accablantes de Madame de Cornouaille, malgré la passion toujours malheureuse de M. de Pembrok, l'un & l'autre, sans foiblesse comme sans remords, passerent une vie douce dans les tems les plus orageux, & parvinrent au seul bonheur qu'on puisse espérer dans la derniere vieillesse, celui du témoignage d'une ame pure, de la considération de ses proches, & des douceurs d'un attachement inaltérable.

FIN.

ERRATA

Page 129, ligne 12. après disposition, *lisez*, que j'avois.
Pag. 253, ligne 2. Mad. de Surrey, *lis.* Mad. d'Herefort.
Pag. 297. ligne 10. Mad. de Surrey, *lis.* Mad. d'Herefort.
Pag. 303, ligne 14. beau-frere, *lis.* neveu.
Pag. 306, ligne 10. ma sœur, *lis.* ma niece.

APPROBATION.

J'AI lu, par ordre de Monseigneur le Garde des Sceaux, un Manuscrit ayant pour titre: *Anecdotes de la Cour & du Règne d'Edouard II, Roi d'Angleterre*: ce Roman historique m'a paru rempli de sentiment & de délicatesse; je n'y ai rien trouvé qui ne doive en favoriser l'impression. A Paris ce 3 Février 1776.

DE SANCY.

PRIVILEGE DU ROI.

LOUIS, par la grace de Dieu, Roi de France & de Navarre: A Nos amés & féaux Conseillers, les Gens tenant nos Cours de Parlement, Maîtres des Requêtes ordinaires de notre Hôtel, Grand-Conseil, Prévôt de Paris, Baillifs, Sénéchaux, leurs Lieutenans Civils, & autres nos Justiciers qu'il appartiendra: SALUT. Notre amé le Sieur PISSOT, Libraire, Nous a fait exposer qu'il désireroit faire imprimer & donner au Public un Ouvrage intitulé, *Anecdotes de la Cour & du Règne d'Edouard II, Roi d'Angleterre*, s'il nous plaisoit lui accorder nos Lettres de Permission pour ce nécessaires. A CES CAUSES, voulant favorablement traiter l'Exposant, Nous lui avons permis & permettons par ces Présentes de faire imprimer ledit Ouvrage autant de fois que bon lui semblera, & de le faire vendre & débiter par tout notre Royaume pendant le temps de trois années consécutives, à compter du jour de la date des Présentes. FAISONS défenses à tous Imprimeurs, Libraires, & autres personnes de quelque qualité & condition qu'elles soient, d'en introduire d'impression étrangere dans aucun lieu de notre obéissance: à la charge que ces Présentes seront enregistrées tout au long sur le Registre de la Communauté des Imprimeurs & Libraires de Paris, dans trois mois de la date d'icelles; que l'impression dudit Ouvrage sera faite dans notre Royaume & non ailleurs, en bon papier & beaux caractères; que l'Impétrant se conformera en tout aux Règlemens de la Librairie, & notamment à celui du 10 Avril mil sept cent vingt-cinq, à peine de déchéance de la présente Permission; qu'avant de l'exposer en vente, le Manuscrit qui aura servi de Copie à l'impression dudit Ouvrage, sera remis dans le même état où l'Approbation y aura été donnée, ès mains de notre très-cher & féal Chevalier, Garde des Sceaux de France, le sieur HUE DE MIROMESNIL; qu'il en sera ensuite remis deux Exemplaires dans notre Bibliothèque publique, un dans celle de notre Château du Louvre, & un dans celle de notre très-cher & féal Chevalier, Chancelier de France le sieur DE MAUPEOU, & un dans celle dudit sieur DE MIROMESNIL, le tout à peine de nullité des Présentes. Du contenu desquelles vous mandons & enjoignons de faire jouir ledit Exposant & ses ayant causes, pleinement & paisiblement, sans souffrir qu'il leur soit fait aucun trouble ou empêchement. VOULONS qu'à la Copie des Présentes, qui sera imprimée tout au long, au commencement ou à la fin dudit Ouvrage, foi soit ajoutée comme à l'original. COMMANDONS au premier notre Huissier ou Sergent sur ce requis, de faire pour l'exécution d'icelles, tous actes requis & nécessaires, sans demander autre permission, & nonobstant clameur de haro, chartre normande & Lettres à ce contraires; CAR tel est notre plaisir. DONNÉ à Paris, le vingt-huitième jour du mois de Février, l'an de grace mil sept cent soixante seize, & de notre règne le deuxième. Par le Roi en son Conseil.

Signé, LEBEGUE.

Registré sur le Registre XX. de la Chambre Royale & Syndicale des Libraires & Imprimeurs de Paris. N°. 564. fol. 102, conformément au Règlement de 1723. A Paris, ce premier Mars 1776.

Signé, LAMBERT, *Adjoint.*

De l'Imprimerie de CLOUSIER,
rue Saint-Jacques.

Reliure serrée

www.ingramcontent.com/pod-product-compliance
Lightning Source LLC
Chambersburg PA
CBHW060650170426
43199CB00012B/1731